Münsterschwarzacher Kleinschriften

herausgegeben
von den Mönchen der Abtei Münsterschwarzach

Band 13

Anselm Grün

Lebensmitte als geistliche Aufgabe

Vier-Türme-Verlag

15. Auflage 2006

Umschlaggestaltung: Morian & Bayer-Eynck, Coesfeld
Umschlagmotiv: Morian & Bayer-Eynck, Coesfeld
Gesamtherstellung: Benedict Press, Münsterschwarzach
ISBN-10: 3-87868-128-3 / ISBN-13: 978-3-87868-128-1
ISSN 0171-6360
www.vier-tuerme-verlag.de

Inhalt

Zur Einführung 7

I. Die Bewältigung der Lebensmitte bei Johannes Tauler 13

1. Die Krise 15
2. Die Flucht 18
3. Zurückbleiben 21
4. Selbsterkenntnis 27
5. Gelassenheit 33
6. Die Gottesgeburt 39

II. Probleme der Lebensmitte nach C.G. Jung 43

1. Der Prozeß der Individuation 45
2. Probleme der Lebensmitte 48
   a) Die Relativierung der persona 49
   b) Die Annahme des Schattens (Das Gegensatzproblem) 50
   c) Die Integration von anima und animus 53
   d) Die Entfaltung des Selbst in der Annahme des Sterbens und in der Begegnung mit Gott 62

Schluß 69

Zur Einführung

Wenn ein vierzigjähriger Mann Probleme bei der Arbeit bekommt oder wenn ein Ehepaar zwischen vierzig und fünfzig in eine Krise gerät, dann tippen viele auf die typische ›Midlife-crisis‹, auf die Krise der Lebensmitte. In unserer Gesellschaft können wir auf Schritt und Tritt beobachten, wie viele Menschen zwischen 40 und 50 auf einmal die alte Sicherheit verlieren. Sie fragen sich nach dem Sinn ihres Lebens. Ihre Arbeit wird ihnen fraglich. Bisher haben sie ihre ganze Energie für den Aufbau der Familie und ihrer wirtschaftlichen Grundlage eingesetzt. Sie haben ein Haus gebaut. Doch jetzt fragen sie sich, für wen und wozu sie das alles geschaffen haben. Die Familie enttäuscht sie. Sie ist nicht mehr der Halt, der ihnen bisher Sicherheit gegeben hat. Sie spüren auf einmal Lustlosigkeit bei ihrer Arbeit. Alles ist ihnen zuviel. Emotionen, die sie bisher nicht kannten, melden sich und bringen den Gefühlshaushalt durcheinander. Ihr Körper funktioniert nicht mehr so, wie sie es sich wünschen. Erste Krankheiten treten auf und verunsichern. Auf das, was bisher seine Gültigkeit hatte, kann man sich nicht mehr verlassen. Man muß sich neu orientieren.

In unserer Gemeinschaft wurden wir durch den Austritt mehrerer Mitbrüder über 40 mit dem Thema der »Krise der Lebensmitte« konfrontiert. Der Blick in die Literatur zeigte uns, daß die Midlife-crisis nicht nur zahlreiche Priester und Ordensleute zwischen 40 und 50 Jahren erfaßt und sie in eine existentielle Krise treibt, die oft bis zur Aufgabe ihres Berufes führt, sondern die Lebenswende vielmehr für die meisten Menschen ein Problem darstellt, das ihr bisheriges Leben oft genug durcheinanderbringt. Berufswechsel, Aussteigen aus der gewohnten Umgebung, Ehescheidungen, Nervenzusammenbrüche, psychosomatische Beschwerden verschiedenster Art sind Anzeigen für eine unbewältigte Krise der Lebensmitte.[1]

Unsere Gemeinschaft nahm den Austritt der Mitbrüder zum Anlaß, an einem theologischen Arbeitstag die Probleme der Lebensmitte und ihre mögliche Bewältigung zu bedenken. Zwei Referate bildeten die Grundlage für das gemeinsame Gespräch und den persönlichen Erfahrungsaustausch in Gruppen. Abt Fidelis Ruppert trug Gedanken des deutschen Mystikers Johannes Tauler (1300–1361) vor, die die Krise der Lebensmitte als eine Chance geistlichen Wachstums beschreiben. Es war uns klar, daß die Krise in der Lebensmitte von Mönchen primär religiös zu bewältigen ist. Doch dabei dürfen die anthropologischen und psychologischen Voraussetzungen nicht außer acht gelassen werden. Als Ergänzung zur religiösen Beleuchtung durch Tauler referierte ich daher über die Probleme der Lebensmitte, wie sie

C. G. Jung von der psychologischen Warte aus gesehen hat. Das lebhafte Interesse, auf das die Gedanken Taulers und Jungs bei den eigenen Mitbrüdern und bei anderen Ordensleuten stießen, rechtfertigt, sie in diesem Bändchen einer größeren Gruppe zugänglich zu machen.

Es geht in der Krise der Lebensmitte nicht bloß um ein Sich-Neueinstellen auf die veränderten physischen und psychischen Gegebenheiten, nicht nur um ein Fertigwerden mit dem Nachlassen der körperlichen und geistigen Kräfte und um ein Einordnen neuer Wünsche und Sehnsüchte, die um die Lebenswende häufig aufbrechen. Es geht vielmehr um eine tiefere Existenzkrise, in der die Frage nach dem Sinn des Ganzen gestellt wird: Warum arbeite ich soviel, warum hetze ich mich ab, ohne noch Zeit für mich zu finden? Warum, wieso, wozu, für was, für wen? Diese Fragen tauchen in der Lebensmitte immer häufiger auf und verunsichern das bisherige Lebenskonzept. Die Frage nach dem Sinn ist schon eine religiöse Frage. Die Lebensmitte ist wesentlich eine Sinnkrise und damit eine religiöse Krise. Und sie birgt in sich zugleich die Chance, einen neuen Sinn für sein Leben zu finden.

Die Krise der Lebensmitte schüttelt die Elemente des menschlichen Lebens durcheinander, um sie zu scheiden und neu zu ordnen. Vom Glauben her gesehen ist in dieser Krise Gott selbst am Werk. Er bringt Bewegung in das menschliche Herz, um es für sich aufzubrechen und es von allen Selbsttäuschungen zu befreien. Die Krise als Werk der

Gnade, dieser Aspekt erscheint kaum in der umfangreichen Literatur über die Lebensmitte. Und doch ist es ein entscheidender Aspekt. Die Krise der Lebensmitte ist für den Glaubenden nicht etwas, das ihn von außen befällt und für deren Bewältigung er dann den Glauben nur als Kraftquelle einsetzen sollte. In der Krise handelt vielmehr Gott selbst am Menschen und so ist die Krise zugleich der Ort einer neuen und intensiven Gottesbegegnung und Gotteserfahrung. Sie ist ein entscheidender Abschnitt auf unserem Weg des Glaubens, ein Punkt, an dem es sich entscheidet, ob wir Gott benutzen, um unser Leben zu bereichern und uns selbst zu verwirklichen oder ob wir bereit sind, uns glaubend Gott zu überlassen und ihm unser Leben zu übergeben. Dieser spirituelle Aspekt der Lebensmitte begegnet uns in den Predigten des deutschen Mystikers Johannes Tauler, die er vor 600 Jahren vor allem vor Ordensfrauen gehalten hat. Offensichtlich kannte Tauler das Phänomen der spirituellen und zugleich menschlichen Krise um die Lebensmitte herum.

In unserer Zeit hat der Schweizer Therapeut C. G. Jung das Phänomen der Lebensmitte behandelt. Er geht vom Weg der menschlichen Selbstwerdung aus. Auf diesem Weg der ›Individuation‹ beobachtet C. G. Jung in der Lebensmitte eine entscheidende Wende. Der Weg geht nicht einfach so weiter wie bisher. In der Lebensmitte tauchen religiöse Themen auf. Da meldet sich der Schatten zu Wort, all das, was der Mensch bisher verdrängt hat. Auch für Jung genügt es nicht, die Krise der

Lebensmitte nur mit psychologischen Methoden zu bewältigen. Er verweist als Psychologe auf religiöse Wege: auf den Weg der Meditation, auf dem der Mensch seine eigene Mitte findet, auf den Weg des Fastens, der Stille, des Gebetes, der den Zugang zum Unbewußten eröffnet. Und nur wer den Zugang zur Lebensquelle des Unbewußten findet, kann in der Lebenswende seinem Leben eine neue Ausrichtung und Tiefe verleihen.

Der Psychologe C.G. Jung bedauert, daß für viele die Schule der Religion keine Hilfe mehr ist in der Bewältigung ihrer persönlichen Krisen. Das Bändchen möchte dazu ermuntern, neu den religiösen Weg als einen Heilsweg zu entdecken, als ein Heilmittel für die Wunden, die uns das Leben schlägt und die gerade in der Krise der Lebensmitte so schmerzlich aufbrechen. Es ist kein Zurück, kein Verneinen all der Erkenntnisse, die die Psychologie uns geschenkt hat, sondern es ist ein Voranschreiten auf einem Weg, auf dem wir uns bei aller psychologischen Einsicht doch letztlich von Jesus Christus führen lassen.

Christi Weg, der über das Kreuz zum neuen Leben der Auferstehung geht, ist ein Weg, auf dem wir auch menschlich reifer und gesünder werden, auf dem aber nicht Begriffe wie menschliche Selbstverwirklichung, Entfaltung aller Anlagen im Mittelpunkt stehen. Vielmehr gilt es, sich und sein Leben für Gott aufzubrechen, damit er an uns handeln und in unserer Schwäche stark sein kann. Es geht nicht um Selbstverwirklichung und Selbstverherrlichung des Menschen, sondern darum, daß in allem Gott verherrlicht werde. Und eine Weise der Verherrlichung Gottes ist der gesunde und reife Mensch, der sterbend mit dem neuen Leben der Auferstehung überkleidet wird, »damit das Leben Jesu sichtbar werde an unserem sterblichen Fleisch« (2 Kor 4,11).

I. *Die Bewältigung der Lebensmitte bei Johannes Tauler*

Tauler spricht in seinen Predigten, die er vor allem vor Schwesternkonventen gehalten hat, öfter von den Vierziger Jahren. Das 40. Lebensjahr stellt eine Wende im Leben des Menschen dar. All sein geistliches Bemühen trägt erst nach dem 40. Jahr Frucht und erst dann kann der Mensch den wahren Seelenfrieden erreichen. Tauler nimmt die 40 Tage zwischen der Auferstehung und Himmelfahrt und die weiteren 10 Tage bis Pfingsten in einer Predigt als Symbol für die geistliche Entwicklung des Menschen:

Der Mensch tue, was er wolle, und fange an, wie er wolle, er kommt niemals zu wahrem Frieden, noch wird er dem Wesen nach ein Mensch des Himmels, bevor er an sein 40. Lebensjahr kommt. Bis dahin ist der Mensch mit so vielerlei beschäftigt, und die Natur treibt ihn hierhin und dorthin, und manches ist, was die Natur in ihm oft beherrscht, während man wähnt, es sei ganz und gar Gott, und er kann nicht zu wahrem, vollkommenem Frieden kommen noch ganz des Himmels werden vor jener Zeit. Dann soll der Mensch noch 10 Jahre warten, ehe ihm der Heilige Geist, der Tröster, in Wahrheit zuteil werde, der Geist, der alle Dinge lehret.[2]

Die Lebensjahre sind für den geistlichen Weg des Menschen nicht ohne Bedeutung. Ziel des Weges ist für Tauler das Gelangen in den eigenen Seelengrund. Über den Begriff des Seelengrundes haben sich die Gelehrten viel gestritten. Wir wollen hier aber nicht in diese gelehrte Diskussion eintreten, sondern ihn als Bild nehmen für das Innerste des Menschen, für den Grund, in dem alle Seelenkräfte geeint sind, in dem der Mensch ganz bei sich ist, und in dem Gott selbst wohnt. In den Seelengrund kann man nicht aus eigener Kraft gelangen, nicht durch asketische Anstrengungen und nicht durch ständiges Beten. Nicht durch Tun, sondern durch Lassen kommt man in Berührung mit seinem innersten Grund.

In der ersten Lebenshälfte ist der Mensch jedoch zumeist auf sein eigenes Tun bedacht. Man möchte etwas erreichen, nicht bloß in rein weltlichen Dingen, sonder auch im religiösen Bereich. Man möchte durch geistliche Übungen auf dem Weg zu Gott weiterkommen. Das ist an sich gut, denn so wird das Leben richtig geordnet. Doch in den Seelengrund gelangt man nicht durch das eigene Bemühen, sondern nur wenn man Gott an sich handeln läßt. Und Gott handelt an uns durch das Leben, durch die Erfahrungen, die das Leben mit sich bringt. Gott leert uns durch Enttäuschungen, er deckt uns unsere Hohlheit auf durch unser Versagen, er arbeitet an uns durch Leiden, die er uns zumutet. Diese Erfahrungen des Ausgeleertwerdens verdichten sich in der Lebensmitte. Und hier kommt es dann darauf an, daß wir uns von

Gott all das eigene geistliche Bemühen nehmen lassen, um uns von ihm durch die Leere und Dürre des eigenen Herzens bis in den Seelengrund hinunter führen zu lassen, wo wir nicht mehr den eigenen Bildern und Gefühlen, sondern dem wirklichen Gott begegnen.

In der Lebensmitte geht es nach Tauler also darum, daß wir uns von Gott entleeren und entblößen lassen, um von ihm mit seiner Gnade neu bekleidet zu werden. Die Krise ist also der entscheidende Wendepunkt, an dem es sich entscheidet, ob man in sich selbst verschlossen bleibt oder aber sich für Gott und seine Gnade aufbrechen läßt. Wir wollen die Krise und ihre Bewältigung, wie Tauler sie in seinen Predigten schildert, in sechs Schritten nachzeichnen.

1. *Die Krise*

Tauler beobachtete bei Menschen, die jahrelang ein religiöses Leben geführt hatten, wie sie zwischen dem 40. und 50. Lebensjahr in eine geistliche Krise gerieten. Alles, was sie bisher an religiösen Übungen praktizierten, Betrachtung, persönliches und gemeinsames Beten, Chorgebet, Andachten, all das wird ihnen auf einmal schal. Sie finden keinen Gefallen mehr daran, fühlen sich leer, ausgepumpt, unbefriedigt.

All die heiligen Gedanken und lieblichen Bilder und die Freude und der Jubel und was ihm von Gott je geschenkt ward, das dünkt ihn nun alles ein grobes Ding, und er wird daraus allzumal vertrieben, so daß es ihm nicht mehr schmeckt und er nicht dabei bleiben möchte; dies mag er nicht, und wonach ihn gelüstet, das hat er nicht, und also ist er zwischen zwei Enden und ist in großem Weh und Gedränge.[3] *(174)*

Das Problem dieser Situation ist, daß der Mensch mit seiner gewohnten religiösen Praxis nichts mehr anfangen kann, aber daß er auch nicht weiß, was ihm gut täte. Das Gewohnte wird ihm genommen, aber das Neue ist noch nicht da. Und es besteht die Gefahr, daß er mit der überkommenen religiösen Praxis den Glauben selbst über Bord wirft, da er keinen Weg findet, Gott näher zu kommen. Er erfährt ein Scheitern all seiner geistlichen Bemühungen, an denen er sich bisher festhalten konnte. Jetzt ist ihm der Halt der äußeren Formen genommen. Und so liegt es nahe, sich enttäuscht von Gott abzuwenden.

Doch diese Krise ist für Tauler das Werk der Gnade Gottes. Gott selbst führt den Menschen in die Krise, in das »Gedränge«. Mit Gedränge bezeichnet Tauler einen Zustand der Seele, in dem vieles auf sie einstürmt und sie bedrängt. Im Gedränge fühlt sich die Seele bedroht und eingeengt. Und zugleich weiß sie, daß sie nicht mehr ausweichen kann, daß sie sich der eigenen Wahrheit stellen muß. Mit dem Gedränge, in das Gott die Seele führt, verfolgt er einen ganz bestimmten Zweck. Er möchte den Menschen in die Wahrheit bringen, ihn zum Seelengrund führen.

Tauler gebraucht hier das Bild, daß Gott das Haus des Menschen umkehrt und durcheinanderbringt, um die Drachme, den Seelengrund zu finden. Gott wird hier verglichen mit einer Hausfrau, die das ganze Haus durchstöbert, um die verlorene Drachme zu finden. In der Lebensmitte hat sich der Mensch in seinem Lebenshaus eingerichtet. Er kennt sich aus. Er hat seinen Beruf, er fühlt sich sicher. Doch vor lauter Sich-Einrichten hat er die eigene Mitte verloren. Er ist nicht mehr in Berührung mit der Drachme, mit seinem wahren Selbst:

Wenn der Mensch in dies Haus kommt und Gott da sucht, so wird das Haus umgekehrt, und dann sucht Gott ihn und kehrt dies Haus um und um wie einer, der sucht: der wirft das eine hierhin und das andere dahin, bis er findet, was er sucht. (172)

Das Durcheinanderbringen der bisherigen Ordnung im Haus läßt den Menschen den eigenen Grund entdecken und ist so seinem geistlichen Reifen förderlicher als alles eigene Tun:

Und wenn es möglich wäre und die Natur es erleiden könnte, daß diese Umkehrung über Tag und Nacht siebenundsiebzigmal geschehe – wenn der Mensch das ertragen möchte und sich hierin lassen könnte, es wäre ihm nützlicher als alles, was er je verstand oder ihm je gegeben ward. In dieser Umkehrung wird der Mensch, wenn er sich hierin lassen könnte, unaussprechlich viel weiter geführt denn in allen Werken und Weisungen und Satzungen, die je und je erdacht oder erfunden wurden. (173)

Doch häufig reagiert der Mensch falsch auf die Krise, in die ihn Gott hineingeführt hat. Er erkennt nicht, daß Gott etwas an ihm tut und daß es darauf ankäme, Gott an sich handeln zu lassen. Tauler beschreibt verschiedene Weisen, auf die Krise falsch zu reagieren.

2. *Die Flucht*

Der Mensch kann auf dreierlei Weisen vor der Krise der Lebensmitte fliehen. Die erste Weise besteht darin, daß er sich weigert, in sich selbst hineinzusehen. Er stellt sich nicht der Unruhe im eigenen Herzen, sondern verlagert sie nach außen, indem er voller Ungeduld draußen, bei den anderen, an den Strukturen, den Institutionen alles verbessern will. Wenn Gott den Menschen in Unruhe versetzt, wenn er sein Haus umkehrt, wenn er mit seinem Gnadenlicht

> *den Menschen ankommt und anzurühren beginnt, und der Mensch dort, wo er ist, seiner warten sollte, da kehrt der Mensch vom Seelengrund ab, stellt das Kloster auf den Kopf und will fortlaufen gegen Trier oder Gott weiß wohin und nimmt das Zeugnis (des Geistes in ihm) nicht an infolge seines sinnlichen Nachaußen-Wirkens. (177)*

Weil er sich selbst nicht reformieren will, will er das Kloster reformieren. Er projiziert die Unzufriedenheit mit sich selbst nach außen und verbaut sich mit äußeren Reformen den Zutritt zum eigenen Seelengrund. Er ist so stark mit Verändern und Verbessern draußen beschäftigt und ausgefüllt, daß er gar nicht merkt, wie sein Inneres mit der äußeren Reform nicht Schritt hält. Der Kampf nach außen enthebt ihn der Aufgabe, mit sich selbst zu kämpfen.

Eine zweite Art der Flucht besteht darin, daß der Mensch an äußeren religiösen Übungen festhält. Er verlegt sich jetzt also nicht auf die anderen, auf die Umgebung, sondern bleibt bei sich selbst. Aber er hält sich an seinen äußeren Formen fest. Er flieht vor der inneren Auseinandersetzung in äußere Tätigkeiten. Statt nach innen zu horchen und auf die verborgenen »Pfade von innen« zu achten, will er auf den »gemeinen, breiten Straßen« bleiben.

Viele Leute aber machen es gerade verkehrt, gehen völlig auf in äußerer Übung und Wirksamkeit und tun recht wie einer, der nach Rom gehen sollte, also landaufwärts, und ginge dann landab gen Holland zu: je weiter er ginge, desto mehr irrte er vom Weg ab. Und wenn solche Menschen dann wiederkommen, so sind sie alt, und es tut ihnen der Kopf weh, und sie können der Minne nicht mehr Genüge tun in ihrem Werken und Stürmen. (177)

Die dritte Art der Flucht besteht darin, daß man die innere Ruhe nach außen in ständig neue Lebensformen umsetzt. Die innere Rastlosigkeit treibt einen bald zu dieser, bald zu jener religiösen Praxis:

Wenn sie von innen berührt werden, sofort auf und davon in ein anderes Land, in eine andere Stadt; können sie das nicht, so fangen sie wenigstens eine – freilich nur äußerlich – andere

Lebensweise an. Jetzt will er ein armer Mensch werden; dann will er in eine Klause, dann in ein Kloster. (178)

Sie erwarten sich wieder von äußeren Formen eine Lösung der inneren Krise. Doch nun werfen sie die überkommenen Formen über Bord und suchen nach neuen. Diese Erfahrung Taulers bestätigt sich heute bei manchen Menschen, die ständig neue Meditationsformen ausprobieren wollen. Sie schwärmen begeistert bald von dieser, bald von jener. Doch wenn die erste Begeisterung verflogen ist, wechseln sie zur nächsten, die nun das ›non plus ultra‹ ist. Und da sie keine Form durchhalten, finden sie nie zu ihrem eigenen Grund. Sie stellen sich ihrer eigenen Unruhe nicht, halten sie nicht aus, hören nicht auf Gottes Stimme, der sie gerade durch die Bedrängnis in das eigene Innere führen will. Doch statt sich innerlich zu ändern, laufen sie äußeren Änderungen nach:

Diese Bedrängnis hat manchen nach Aachen, nach Rom, unter die Armen und in die Klausen laufen lassen. Und je mehr sie da hinaus liefen, desto weniger fanden sie. Und etliche verfallen wieder auf die Bilder der Vernunft und spielen damit, weil sie dieses Gedränge nicht durchleiden wollen, und so platschen sie völlig zu Boden. (178)

Die Reaktion der Flucht ist verständlich, denn die wenigsten wissen um die positive Funktion der Krise der Lebensmitte. Die meisten fühlen sich verunsichert und reagieren auf ihre Weise, häufig kopflos. Daher ist es wichtig, um den Stufencharakter des geistlichen Lebens zu wissen. Jede Stufe hat ihre Funktion. Die Zeit der Lebensmitte ist eine entscheidende Stufe auf dem Weg zu Gott und zur eigenen Selbstverwirklichung, eine schmerzliche Stufe, die daher viele nicht wahrhaben wollen, auf deren Nahen sie mit dem Abwehrmechanismus der Flucht reagieren. Die rastlose Aktivität, die für viele Menschen in diesem Alter kennzeichnend ist, ist oft eine unbewußte Flucht vor der inneren Krise. Doch da die meisten mit ihrer Krise alleingelassen werden, finden sie keine andere Möglichkeit zu reagieren. Daher bräuchten wir geistlich Erfahrene, die den Menschen in ihrer Krise helfen und sie durch die Bedrängnis hindurch zu menschlicher und geistlicher Reife begleiten könnten.

3. *Zurückbleiben*

Eine andere Form, auf die Krise der Lebensmitte zu reagieren, ist das Stehenbleiben, das Zurückbleiben hinter der Forderung, den nächsten Entwicklungsschritt zu tun, das Festhalten an der bisherigen Lebensweise. Auf der psychologischen Ebene äußert sich das als Prinzipienreiterei, man verschanzt sich hinter Grundsätzen, um seine innere Angst zu verbergen. Im religiösen Bereich zeigt sich das Zurückbleiben darin, daß man sich auf seine bisherigen Frömmigkeitsübungen versteift. Man erfüllt treu seine religiösen Pflichten, geht regelmäßig sonntags zum Gottesdienst und verrichtet seine täglichen Gebete. Man achtet kleinlich auf die genaue Einhaltung der religiösen

Pflichten. Doch bei all dem kommt man innerlich nicht weiter, man wird vielmehr hart, lieblos, man schimpft über andere, verurteilt ihre moralische oder religiöse Laxheit, hält sich für einen frommen Christen, der den anderen zeigen muß, wie man christlich leben sollte. Doch bei allem Eifer hat man bei solchen Menschen den Eindruck, daß sie nichts von der Liebe und Güte Christi ausstrahlen. Es geht auch keine Begeisterung von ihnen aus. Es riecht alles nach Pedanterie, Enge. Man ist kleinlich, freudlos, hart im Urteil, selbstgerecht.

Durch das Festhalten an seinen religiösen Prinzipien und seiner religiösen Praxis will man die innere Krise überspielen und die Angst verdecken, die diese Krise in einem auslöst. Es ist letztlich die Angst, daß Gott selbst mir all meine selbstgemachten Bilder von mir und von Gott aus der Hand reißen und mich in einer Weise anrühren könnte, die das selbsterrichtete Lebensgebäude einstürzen läßt. Tauler wendet sich immer wieder gegen das ängstliche Festhalten an äußeren Prinzipien und Formen. Er will mit seinen Predigten die Verkrampfungen des Herzens aufdecken, denen man gerade bei frommen Menschen oft begegnet. Die Prinzipien, an denen man so hartnäckig und ängstlich festhalten will, nennt Tauler Götzen. Und er meint, viele Leute säßen auf ihren Götzen wie einst Rachel auf ihren Abgöttern saß. (Vgl. 171) Sie halten sich an ihre Götzen, um der Begegnung mit dem wahren Gott auszuweichen.

Manchem Menschen gefallen seine Weisen (d.h. seine Art zu leben und seine Art fromm zu sein) so wohl, daß er sich niemandem überlassen will, weder Gott noch den Menschen, und er hütet sich wie seinen Augapfel, daß er sich ja Gott nicht überlasse. Kommt unser Herr mit einer Mahnung, mittelbar oder unmittelbar, so setzt er flugs seine Weise davor und kehrt sich nicht einen Tropfen daran. (152)

Er wehrt sich gegen alles, worin Gott ihn unmittelbar ansprechen und ihn in Frage stellen könnte. Er hält sich an seinen Übungen fest und hält sie zwischen sich und Gott. Seine Sicherheit, seine religiöse Überzeugung ist ihm wichtiger als eine persönliche Begegnung mit Gott. Er hält sich Gott vom Leib. Denn der könnte ihm ja gefährlich werden. Er könnte ihm ja zeigen, wie es eigentlich um ihn steht, was denn die Motive seines religiösen Praktizierens sind. Es könnte ja sein, daß Gott sein religiöses Tun als Selbstabsicherung entlarven, daß er ihm seine unlauteren Absichten und Wünsche, die Verdrängungsversuche seiner Angst vor Augen halten würde. So verschanzt er sich hinter seinem frommen Tun, anstatt fromm zu sein. Er tut Frommes, um von Gott nicht erfahren zu müssen, daß er letztlich gar nicht fromm ist, sondern in seinem Tun nur sich selbst sucht, seine Sicherheit, seine Selbstrechtfertigung, seinen geistlichen Reichtum. Er versteift sich auf fromme Übungen, ohne zu merken, daß sie ihn nicht von allein fromm machen. Er verhärtet sich in seinem vermeintlichen Gutsein, bleibt aber unerreichbar für Gottes unmittelbaren Anruf, der ihn in die Wahrheit rufen möchte.

Diese Haltung ist typisch für die Pharisäer. Sie findet sich aber bei vielen sogenannten guten Christen, die es nicht wagen, sich im Glauben auf den wirklichen Gott einzulassen und sich von ihm ständig verwandeln zu lassen. Tauler sagt von diesen Menschen, sie würden sich mit verschlossenen Zisternen begnügen, anstatt vom lebendigen Quell Gottes zu kosten. Und er klagt, daß es gerade so viele geistliche Leute gibt,

die so ganz die lebendigen Wasser gelassen haben und in deren Grund so wenig wahres Licht und Leben ist, vielmehr lauter auswendige Dinge: Sie bleiben allzumal zurück mit ihren sinnlichen, äußerlichen Weisen und Werken und ihren Satzungen – alles (ist) von außen durch Hören hineingetragen oder durch die Sinne von außen in bildlichen Weisen; und von innen her im Grunde, wo es herausspringen und quellen sollte, da ist ganz und gar nichts. Sind das nicht wahrlich Zisternen, darin nichts ist, was aus dem Grund hervorsprudelt oder gequollen ist, sondern alles von außen hineinkam, was denn auch ebenso abfällt, wie es zugefallen ist? Und das, was etwas sein soll an ihnen, das sind ihre Satzungen und ihre Weisen, die sie nach ihrem Gutdünken gestiftet und gesetzt haben. Sie kehren sich nicht in den Grund: darin haben sie kein Quellen und Dürsten, noch suchen sie vorwärtszukommen. So sie nur ihre Sache getan nach ihren Weisen, die von außen durch die Sinne zugetragen sind, dann genügt es ihnen gar wohl. Sie halten sich an ihre Zisternen, die sie sich selber gemacht haben, und Gott schmeckt ihnen nicht. Auch trinken sie von dem lebendigen Wasser nicht, das lassen sie sein. (154)

Und Tauler schließt die Beschreibung dieser Menschen:

In diesen Zisternen fault und wird stinkend und vertrocknet schließlich, was hineingetragen ist: nämlich die sinnlichen Satzungen; so bleibt im Grunde Hoffart, Eigenwilligkeit, Hartherzigkeit, hartes Verurteilen, Reden und Benehmen ... (154f)

Mit äußerem Tun, mit frommer Betriebsamkeit und religiösem Aktivismus will man verdecken, daß man keine Beziehung zum eigenen Grund hat, ja daß Gott selbst einem letztlich fremd ist. Man meint Gott zu besitzen, wenn man bestimmte religiöse Übungen verrichtet. Man will Gott in seine religiöse Praxis hineinzwingen. Der Grund dieser Haltung ist die Angst vor dem lebendigen Gott. Weil man Angst hat, Gott könnte das Gebäude der Absicherungen und Selbstrechtfertigungen einreißen und man würde nackt und bloß vor dem wirklichen Gott stehen, darum versucht man, sich durch eine untadelige Lebensführung eine Schutzmauer zu errichten, die selbst Gott nicht durchdringen kann. Die treue Pflichterfüllung entspringt dann nicht einem liebenden Herzen, das von Gott getroffen und angerührt worden ist, sondern dem ängstlichen Festhalten an sich selbst. Man rechtfertigt sich durch seine Werke, aus Angst, sich dem Urteil Gottes zu überlassen, sich vertrauend in Gottes liebende Arme fallen zu lassen. Sich an sich selbst klammernd verweigert man den Glauben, in dem man sich Gott überlassen müßte.

Tauler rät nicht, die geistlichen Übungen aufzugeben. Im Gegenteil: äußere Formen der Frömmigkeit sind gut, da sie den inneren Menschen zum Ziel haben und ihm dabei helfen, von irdischen Anhänglichkeiten frei zu werden.[4] Und Tauler mahnt vor allem die jüngeren, daß sie die tätige Liebe üben und die äußeren Dinge tun sollen, die zur Liebe Gottes verlocken.[5] Aber es besteht eben die Gefahr, daß wir unser eigenes Tun überbewerten und daß unsere Übungen »uns so stark beschäftigen, daß wir niemals in uns selbst kommen können«.[6] Für Tauler sind die 40 Jahre ein Wendepunkt in der Einschätzung der äußeren Übungen. Er zitiert dabei Papst Gregor den Großen, der in seiner Lebensbeschreibung des Benedikt von Nursia sagt, »daß die Priester des Alten Bundes erst im Alter von 50 Jahren Hüter des Tempels wurden, daß sie aber, solange sie im Alter darunter waren, nur Träger des Tempels waren und mit Übungen beschäftigt wurden«[7]. Unter 40 bzw. 50 Jahren sind die Übungen eine notwendige Stütze, daß man innerlich wachsen und Gott näher kommen kann. Und in dieser Zeit, so sagt Tauler, »soll er nicht, weder nach innen noch nach außen, zuviel dem Frieden, dem Verzicht oder auch der Herrschaft über sich selbst vertrauen: denn all das ist noch gar sehr mit der Natur vermischt.«[8] Wer aber nach dem 40. Jahr allzusehr an seinen Übungen hängt und die Übungen für wichtiger hält als den Kontakt mit seinem Seelengrund, der wird zu einer vertrockneten Zisterne. Er geht auf in äußerem Tun ohne Gespür für das innere Drängen Gottes im Grund.

4. *Selbsterkenntnis*

Die Krise der Lebensmitte stellt uns vor die Forderung der Selbsterkenntnis, die zugleich eine Hilfe wäre, die Krise zu bewältigen. Wenn Gottes Gnade uns angerührt und unser bisheriges Denk- und Lebensgebäude auf den Kopf gestellt hat, so bietet sich uns die Chance, uns selbst zu erkennen, nicht nur äußerlich, sondern in unserem Seelengrund, dort, wo unser Wesen verborgen liegt. Der Weg der Selbsterkenntnis ist für Tauler die Kehre nach innen, die Zuwendung zum eigenen Seelengrund. Doch da die Selbsterkenntnis zunächst schmerzlich ist, weil man schonungslos entdeckt, was im Inneren auch an Dunkelheit und Bosheit, an Feigheit und Falschheit verborgen liegt, weicht man ihr gerne aus. Tauler schildert in drastischen Bildern den Zustand solcher Menschen, die sich vor der Selbsterkenntnis drücken:

Kinder, woher, meint ihr, kommt es, daß der Mensch auf keine Weise in seinen Grund kommen kann? Das ist schuld daran: da ist manch dicke, greuliche Haut darübergezogen, so dick wie Ochsenstirnen, und die haben ihm seine Innerlichkeit so verdeckt, daß weder Gott noch er selbst hineinkann: es ist verwachsen. Wisset, etliche Menschen mögen dreißig oder vierzig Häute haben, dicke, grobe schwarze Häute wie Bärenhäute. (189)

Wir machen immer wieder die Erfahrung, daß wir an manche Leute nicht herankommen. Man kann sie auf Fehler hinweisen, sie überhören es.

Man kann sie wohlwollend auf ihr Verhaltensweisen aufmerksam machen, die abstoßend wirken, alles umsonst. Sie haben kein Gespür für ihren eigentlichen Zustand. Und Tauler meint mit seinem Bild von der Ochsenhaut, daß solche Menschen so wenig Verbindung mit ihrer eigenen Wirklichkeit haben, daß es sogar für Gott unmöglich ist, die dicke Haut zu durchstoßen. Ihre Innerlichkeit ist ihnen verdeckt, weder für sie selbst noch für Gott betretbar.

Solche Menschen lernen auch nicht durch die Erlebnisse, die Gott ihnen zuschickt, weder durch positive noch durch negative. Sie haben einen scharfen Blick für die Schwächen der anderen, doch für die eigenen Schwächen sind sie blind. Die Psychologie nennt diese Blindheit Projektion. Weil ich meine Schwächen in den anderen hineinprojiziere, kann ich sie bei mir nicht mehr erkennen, bin ich blind für meinen eigenen Zustand. Das äußert sich dann im Schimpfen auf die anderen, im Verurteilen und Kritisieren. Für Tauler ist es »ein Kennzeichen der falschen Freunde Gottes, daß sie andere Leute verurteilen, sich selbst aber nicht. Die wahren dagegen verurteilen niemanden als sich selbst.« (191)

Die Selbsterkenntnis ist für uns meist unangenehm. Sie reißt uns alle Masken vom Gesicht und deckt auf, was in uns ist. Es ist daher verständlich, daß viele einer schonungslosen Selbsterkenntnis lieber ausweichen. In der Krise der Lebensmitte greift nun Gott selbst ein und führt den Menschen zur Erkenntnis seiner selbst. Tauler sieht darin ein Zeichen, daß der Heilige Geist im Menschen wirkt, wenn er anfängt, sich selbst zu erkennen. Unter dem Einfluß des Heiligen Geistes kommt der Mensch immer mehr ins Gedränge, er wird in seinem Inneren erschüttert. Und der Heilige Geist deckt auf, was in ihm unecht ist:

Von diesem Vorübergang des Geistes entsteht ein großer Rummel im Menschen. Je klarer und wahrer und unverhüllter der Vorübergang ist, desto geschwinder, stärker, schneller, wahrer und lauterer ist auch das Werk, der Antrieb und die Umkehrung des Menschen, und desto unverhüllter erkennt der Mensch sein Zurückbleiben. (192)

Sobald er sich selbst auf den Grund kommt, erlebt er böse Überraschungen:

Ach, was wird man da erst finden, wenn man in den Grund kommt! Was jetzt als große Heiligkeit erscheint, was für ein falscher Grund wird da gefunden werden! (191)

Wir meinen, den Menschen vor den Erschütterungen der Lebensmitte schützen zu müssen. Tauler dagegen sieht darin das Werk des Heiligen Geistes. Dieser Geist will uns erschüttern, damit wir zu unserer eigenen Wahrheit durchstoßen. Er fordert uns auf, getrost den Turm unserer Selbstgefälligkeit und Selbstgerechtigkeit über uns einstürzen zu lassen und uns ganz dem Werk zu überlassen, das Gott in diesem Gedränge an uns tut:

Lieb, sinke, sinke in den Grund, in dein Nichts und laß den Turm (des Domes der Selbstgefälligkeit und Selbstgerechtigkeit) mit allen Stockwerken auf dich fallen! Laß alle Teufel, die in der

Hölle sind, über dich kommen! Himmel und Erde mit allen Kreaturen – es wird dir alles wunderbar dienen! Sinke du nur: so wird dir alles Allerbeste zuteil. (193)

Es ist ein mutiges Wort, das Tauler da sagt. Selbst die Teufel der Hölle soll man über sich kommen lassen in dem Vertrauen, daß Gott einen durch die Bedrängnis hindurchführt.

Die Selbsterkenntnis wird vom Heiligen Geist in Gang gesetzt. Doch auch der Mensch hat das Seine dazu beizutragen. Tauler gibt verschiedene Hilfen für den Weg der Selbsterkenntnis. Dafür muß der Mensch sorgfältig sein Tun und Lassen beobachten und prüfen, seine Lieblingsgedanken und Wünsche, und die besonderen Schwächen der Natur. Die Selbstbeobachtung will geübt sein:

Kinder, es gehört ein großer, wunderlicher Fleiß dazu, daß der Mensch seine Gesinnung recht erkennt, dazu muß man Tag und Nacht studieren und bildern (ymaginieren), sich selbst kontrollieren und sehen, was einen treibe und bewege zu all seinen Werken; und man soll mit all seinen Kräften all sein Tun richten und unmittelbar auf Gott ausrichten; dann tut der Mensch keine Lügen, denn all die guten Werke, die der Mensch auf etwas anderes ausrichtet denn auf Gott, das ist alles Lüge. Alles ist nämlich Götze, dessen Ziel nicht Gott ist. (195)

Die Methode, die Tauler hier empfiehlt, ist das »Bildern«, das Imaginieren, das heute die Psychologie als Technik der Selbsterkenntnis verwendet: man läßt Bilder aus der eigenen Phantasie, aus dem Grund, aus dem Unterbewußten aufsteigen und beobachtet sie. Dann kann man häufig entdecken, was die eigentlichen Wurzeln und Grundlagen unseres Denkens und Handelns sind.

Mit Hilfe dieser Technik, werden wir aufgefordert, uns immer wieder zu fragen, was die letzten Motive unseres Handelns sind, ob wir uns selbst dabei in den Mittelpunkt stellen oder Gott. Halten wir an äußeren Dingen fest, an unserem Erfolg, an unseren Rollen, an unserem Amt oder Beruf, an unserem Besitz, an den Formen unserer Frömmigkeit, an unserem Ruf als gute Christen? So können wir erkennen, was unsere Götzen sind, um uns dann in einem Prozeß von ihnen zu lösen. Das heißt, wir müssen all die Dinge, an denen wir uns festklammern, loslassen, um uns allein auf Gottes Willen einzulassen.

Die Erfahrung, daß Gott uns in der Lebensmitte zu einer schmerzlichen Selbsterkenntnis führt, hat auch Carlo Carretto gemacht. Er schreibt von dieser Erfahrung:

Man sieht sie gewöhnlich, wenn man so um die vierzig Jahre alt ist. Vierzig Jahre: ein großes liturgisches Datum des Lebens, ein biblisches Datum, Datum des Mittagsdämons, Datum der zweiten Jugend, ein Entscheidungsdatum für den Menschen ...

Das ist das Datum, das Gott gewählt hat, um den Menschen mit dem Rücken an die Wand zu stellen, der sich bis dahin unter dem Dunstschleier eines ›halb ja und halb nein‹ durchzuschlängeln sucht.

Mit den Rückenschlägen kommt die Ernüchterung, der Ekel, die Finsternis und tiefer noch das Sehen oder das Erfahren der Sünde. Der Mensch entdeckt, was er ist: ein armes Ding, ein zerbrechliches, schwaches Wesen, ein Gemisch von Hochmut und Bosheit, ein Wesen der Unbeständigkeit, der Faulheit, der Unlogik. Dieses Elend des Menschen kennt keine Grenze, und Gott läßt es uns bis zur Neige verkosten ...

Aber damit nicht genug.

In der Tiefe liegt die Schuld, die entscheidender ist, die umfassender ist, auch wenn sie verborgen ist ... Wir bekommen sie nur mit großer Mühe und oft erst nach langer Zeit überhaupt in den Blick, doch ist sie in unserem Bewußtsein lebendig genug, um uns zu belasten und schwerer in uns zu wiegen als alle Dinge, die wir gewöhnlich beichten.

Ich meine die Haltungen, die unser ganzes Leben wie eine Sphäre einhüllen und die bei allem gegenwärtig sind, was wir tun und was wir lassen. Sünden, die wir nicht einfach abschütteln können. Dinge, die uns meist verborgen sind und die uns dennoch umfassend im Griff haben: Faulheit und Feigheit, Falschheit und Aufgeblasenheit, von denen nicht einmal unser Gebet ganz frei sein kann. Solche Dinge sind es, die schwer auf unserer ganzen Existenz lasten.[9]

Dieses Zitat zeigt, daß die Erfahrung Taulers nicht allein steht und nicht auf Mystiker beschränkt ist. Sie trifft jeden, der ein geistliches Leben zu führen versucht. Daher ist es wichtig, sich in den Gesetzmäßigkeiten des geistlichen Lebens auszukennen, um Menschen helfen zu können, die diese Krise als einen Schritt in ihrer religiösen Entwicklung gerade durchmachen.

5. Gelassenheit

Neben der Selbsterkenntnis spricht Tauler noch von einer weiteren Hilfe, um die Krise der Lebensmitte zu bewältigen: die Gelassenheit. Er meint hier nicht eine stoische Gelassenheit und Ruhe, die sich durch nichts erschüttern läßt, sondern die Fähigkeit, sich selbst zu lassen. Gelassenheit ist für Tauler das, was die Heilige Schrift Selbstverleugnung nennt, die Aufgabe des eigenen Willens, um sich in Gottes Willen zu ergeben. Sie hat einen dynamischen Aspekt und bedeutet ein Vorwärtskommen auf Gott hin.

Der Mensch muß vieles lassen, damit es gut mit ihm werden kann. Er muß Böses lassen, Eigenwilliges, Eigenmächtiges. Aber auch Gutes, soweit es den Fortschritt hemmt. Denn das Gute kann der Feind des Besseren sein und den Menschen hindern, auf seinem Weg zu Gott voranzuschreiten. Tauler vergleicht dies mit einer Braut, die ihrer alten Kleider entkleidet und gewaschen wird, »um dann vom göttlichen Bräutigam mit neuen Kleidern um so herrlicher gekleidet zu werden« (198). Unter den alten Kleidern versteht Tauler nicht bloß die von der Sünde verunreinigten, sondern auch die an sich »guten Kleider, die man der Braut nur darum auszieht, weil sie alt sind.«(198) Gemeint sind damit gute Praktiken und niedere Tugenden, die nun von einer besseren Praktik, von einer höheren Tugend abgelöst werden müssen.

Für jedes Alter gibt es spezifische religiöse Ausdrucksformen. Darum darf der Mensch nicht unbesehen an einer Praxis festhalten, die für seine Jugend gut war. Und wenn einem in der Krise der Lebensmitte die bisherige Praxis schal und unfruchtbar vorkommt, so ist das nicht, weil man bisher falschen Formen nachgelaufen ist, sondern weil Gott einem dadurch sagen will, daß man jetzt nach anderen Formen suchen müsse, die der jetzigen Entwicklungsstufe im geistlichen Leben entsprechen.

So zum Beispiel das Beten – vielleicht ist da eine höhere Stufe fällig. Statt im Beten lange Monologe zu halten, die mich selbst ermüden, könnte ich lernen, vor Gott still zu werden. Statt immer mehr fromme Bücher zu verschlingen, heißt es vielleicht mein Gebet zu vereinfachen. Stelle ich mich unter den Druck, immer neue geistliche Erfahrungen und religiöse Gefühle erleben zu müssen? Wenn ja, dann wäre es eine Aufgabe, statt dessen ganz einfach zu werden vor Gott, in Gottes Gegenwart zu leben, ohne viel darüber reden zu können. Viele Menschen geraten in der Lebensmitte deshalb in eine religiöse Krise, weil sie den Eroberungswillen, mit dem sie im Berufsleben erfolgreich waren, auch auf das religiöse Leben übertragen. Sie wollen ständig nach religiösen Erfahrungen haschen und sich gleichsam einen geistlichen

Reichtum anhäufen. Trockenheit und Enttäuschung im Beten sind ein Hinweis, daß ich diese Suche nach Gotteserfahrungen aufgeben muß, daß ich mein Besitzstreben loslassen und vor Gott ganz einfach werden muß. Es käme darauf an, mich ganz Gott zu überlassen, ohne von ihm ständig Gaben zu fordern wie Ruhe, Zufriedenheit, Sicherheit, religiösen Genuß.

Zur Gelassenheit gehört auch die Bereitschaft zum Leiden. Gelassenheit bedeutet nicht, daß man seine Ruhe hat und sie genießt, im Gegenteil man läßt auch seine eigene Ruhe aus der Hand, man ist bereit, sich von Gott ins Gedränge führen zu lassen. »Echter Friede wird allein aus dem Unfrieden der Läuterung im Gedränge geboren.« (216) Daher gilt es, das Gedränge und die damit verbundenen Leiden auszuhalten:

Bleibe nur bei dir selbst und laufe nicht nach außen und leide dich aus und such nicht etwas anderes! So tun etliche Menschen, wenn sie in dieser inwendigen Armut stehen, und suchen immer etwas anderes, um dadurch dem Gedränge zu entgehen. Oder sie gehen klagen oder Lehrer fragen und werden noch mehr irregeführt. Bleibe ohne allen Zweifel dabei; nach der Finsternis kommt der lichte Tag, der Sonnenschein. (217)

Tauler spricht immer wieder davon, daß der Mensch vor dem Gedränge nicht ausbrechen darf, daß er warten muß. Er kann nicht aus eigener Kraft aus dem Gedränge herauskommen. Er kann nichts tun als warten, daß Gott selbst ihn durch das Gedränge in eine neue geistliche Reife führt.

Das bedeutet auch darauf zu vertrauen, daß Gott einen nicht in das Gedränge geraten läßt, ohne eine positive Absicht zu verfolgen. Im Vertrauen auf Gottes Führung bereit zu sein, die Zügel aus der Hand zu geben, um sich ganz von Gott an der Hand nehmen zu lassen, das ist eine große Aufgabe.

Es geht in der Krise der Lebensmitte um einen inneren Führungswechsel. Nicht mehr ich, sondern Gott soll mich führen. In der Krise ist ja schon Gott am Werk, und ich soll ihm nichts in den Weg stellen, daß er sein Werk an mir vollenden kann.

Tauler wird nicht müde, seinen Zuhörern begreiflich zu machen, daß der Heilige Geist die Krise hervorgerufen hat und im Gedränge am Menschen wirkt. Die Aufgabe des Menschen besteht nun darin, das Wirken dieses Geistes nicht zu verhindern,

daß er sich bereiten lasse und ihm Stätte und Raum gibt, auf daß er sein Werk in ihm beginnen könne. Das tun gar wenige, nicht einmal die im geistlichen Gewande, die doch Gott hierzu erwählt hat. (180)

Tauler kann das Gedränge, durch das der Heilige Geist einen innerlich wandeln und neu schaffen will, mit sehr anschaulichen Bildern schildern. So spricht er im Anschluß an Matthäus 10,16 von der Klugheit der Schlange:

Wenn sie merkt, daß sie zu altern und zu schrumpfen und zu stinken anfängt, so sucht sie eine Stelle, wo zwei Steine beieinander liegen, und da schleift sie sich recht eng hindurch, so daß ihr die alte Haut ganz abgeht, und darunter ist ihr eine neue Haut gewachsen. Recht so soll es der Mensch machen mit der alten Haut, das ist mit allem, was er von Natur hat, wie groß und wie gut es auch sei, es ist sicher veraltet und hat gewiß Fehler; darum werde es durch die zwei Steine, die gar nahe aneinander liegen, geschleift. (215)

Um reifer zu werden, um in den eigenen Seelengrund zu kommen, muß man sich durch die Enge der zwei Steine hindurchwinden, man kann nicht ständig neue Methoden menschlichen und geistlichen Reifens nachlaufen. Das wäre nur eine Flucht vor dem Gedränge. Irgendwann einmal muß man den Mut haben, auch wenn man dabei die alte Haut verliert, auch wenn man Wunden und Schürfungen dabei erleidet. Entscheidungen engen ein. Aber ohne diese Enge zu durchschreiten, wird man nicht reif, nicht neu. Der äußere Mensch muß aufgerieben werden, damit der innere von Tag zu Tag neu wird. (Vgl. 2 Kor 4,16)

Wenn man die Worte Taulers ernst nimmt und in der Krise der Lebensmitte Gott selbst am Werk sieht, so verliert die Krise an Bedrohlichkeit und Gefährlichkeit. Man braucht keine Angst davor zu haben. Im Gegenteil, man kann sie dann als positive Chance sehen, mit sich einen Schritt voran und Gott näher zu kommen. Was von uns dann in der Krise verlangt ist, das ist die Bereitschaft, Gott an uns handeln zu lassen. Oft genug ist Gottes Handeln für uns schmerzlich. Dann gilt es, Gott in mir auszuleiden, zu tragen, was er mir schickt, ohne daran innerlich zu zerbrechen.

Diese Haltung fordert viel von einem, der gewohnt war, alles selbst in die Hand zu nehmen. Und so besteht auch die Gefahr, daß er die Krise wieder in die Hand bekommen will, indem er selbst aktiv wird und den inneren Prozeß beschleunigen will. Er erkennt vielleicht seine Chance und will sie nutzen, indem er selbst eingreift und überkommene Formen über Bord wirft. Tauler warnt vor dem eigenmächtigen Eingreifen in Gottes Handeln. Wir dürfen Gottes Wirken im Gedränge und durch das Gedränge nicht stören, wir dürfen nicht aus eigenem Antrieb die bisherige Praxis aufgeben, sondern erst wenn Gott uns dazu drängt:

Von den Weisen und Materien, die den Menschen am allermeisten äußerlich und innerlich zu guten Werken und zur Gottesliebe bewegen, soll er nicht eher lassen, als bis sie von selber abfallen. (182)

Man muß erst langsam lernen, sich dem Wirken Gottes zu überlassen. Allzuleicht will man weiter selbst sein Leben und seine Praxis planen. Man mißtraut aller Passivität, aus Angst, die Zügel aus der Hand zu geben. Es war bisher gut, selbst über sein Leben und seine Form zu bestimmen. Also will man es auch weiterhin. Doch während es für die Jugend gut ist, sich zu üben und sich selbst Aufgaben zu stellen, gilt für das reife Alter, daß es Gott erleiden muß. Und so muß man sich Schritt für Schritt in Gottes Willen einlassen und sich seiner Vorsehung überlassen. Das verlangt die Hingabe des eigenen Herzens.

6. *Die Gottesgeburt*

Die Nöte und Bedrängnisse, die die Krise der Lebensmitte mit sich bringt, sind für Tauler nur die Geburtswehen für die Gottesgeburt im Menschen. Gott treibt die Menschen, sich im Gedränge dieser Krise ihrem eigenen Seelengrund zuzuwenden, ihre Ohnmacht und Schwäche zu erkennen und sich ganz Gottes Geist zu überlassen. Wenn man alles losläßt, was Gottes Wirken in einem behindern kann, dann kann Gott im Seelengrund geboren werden. Und die Gottesgeburt im Menschen ist Ziel des geistlichen Weges nach Tauler:

Verlasse dich auf mich; es erhebt sich kein Gedränge im Menschen, Gott wolle denn eine neue Geburt in ihm vornehmen. Und wisse: was immer dir das Gedränge oder den Druck nimmt oder stillt oder löst, das gebiert sich in dich. Und das ist dann die Geburt, es sei, was es sei, Gott oder Kreatur. Und nun bedenke: nimmt die eine Kreatur dir Bedrängnis, sie heiße, wie sie heiße, die verdirbt dir Gottes Geburt völlig. (217)

In diesem Text wird nochmals die Gefahr der Krise deutlich. Man ist versucht, sich den Druck selbst zu nehmen durch Hinwendung nach außen, durch Betriebsamkeit, durch Sichfestklammern an religiösen Formen, durch äußere Veränderungen. Das alles sind Kreaturen, selbstgemachte Dinge. Sie würden Gott hindern, in uns geboren zu werden. Es gilt also, sich den Druck allein von Gott nehmen zu lassen, indem man Gott erleidet, ihn an sich handeln läßt, sich ihm hingibt. Gott allein kann uns von dem Druck befreien.

Es komme, was nur kommen mag, von außen oder innen: laß alles ausschwären und suche keinen Trost, so löst dich sicher Gott, und dafür halte dich frei und überlaß es ihm ganz. (217)

Die Bedingung für die Gottesgeburt im Menschen ist die Kehre nach innen. Die Seele soll

Ruhe und Stille in ihrem Inneren herstellen und sich in sich verschließen, vor den Sinnen in dem Geist sich verbergen und einhüllen und sehr dem Sinnlichen entschlüpfen und in sich eine Stätte der Stille, der innerlichen Rast bereiten.[10]

In diesem inneren Schweigen kann Gottes Wort gehört und aufgenommen werden und darin vollzieht sich die Geburt Gottes im Menschen wie damals in Maria, von der Augustinus sagt:

Maria war beglückter davon, daß Gott geistlicherweise in ihrer Seele geboren ward als leiblicher von ihr.[11]

Mit dem für die deutsche Mystik typischen Begriff der Gottesgeburt meint Tauler, daß der Mensch offen wird für Gott, fähig, Gott zu begegnen, von Gott innerlich verwandelt zu werden und ganz aus Gottes Geist heraus zu leben. Gott ist nicht mehr nur eine äußere Instanz, die über die Einhaltung von Geboten wacht, nicht mehr das Ideal, dem man nachstrebt, sondern Gott ist einem innerlich geworden, man hat ihn erfahren und lebt nun aus dieser Erfahrung des gegenwärtigen Gottes. Das Leben aus Gott geht nicht mehr allein über den Willen, mit dem man sich vornimmt, Gottes Gebote zu erfüllen, sondern es erwächst einem von Gott ergriffenen Herzen, das durch Gottes Nähe ruhig und gelassen geworden ist, reif und weise, gütig und voller Liebe.

Die Krise der Lebensmitte hat also ein Ziel. Sie ist eine Chance, zu echtem Menschsein durchzustoßen und auf seinem Weg zu Gott einen entscheidenden Schritt nach vorne zu tun. Wenn wir um die Zusammenhänge von Gedränge und Gottesgeburt wissen, wie sie Tauler uns aufgezeigt hat, dann können wir anders auf die ersten Anzeichen dieser Krise reagieren. Wir werden nicht kopflos und meinen nicht, alle möglichen psychologischen Methoden ausprobieren zu müssen, um heil über die Runden zu kommen.

Wir sehen vielmehr eine geistliche Aufgabe darin, die Krise zuzulassen und auf das hören, was Gott uns darin sagen will. Wir müssen uns nicht vor dieser Krise schützen mit den vielen Abwehrmechanismen, die da möglich sind, wir brauchen auch nicht davonzulaufen, sondern wir können getrost Gott an uns handeln lassen, wir können es zulassen, daß Gott unser Haus umkehrt und die vermeintliche Ordnung in unserem Inneren durcheinanderwirbelt. Anstatt über unsere Krise zu jammern, würden wir dann Gott dafür danken, daß er an uns handelt, daß er unsere Starre aufbricht für seinen Geist, der unser Herz immer mehr verwandeln möchte.

II. Probleme der Lebensmitte nach C. G. Jung

An das Problem der Lebensmitte geht C. G. Jung unter ganz anderen Voraussetzungen heran als der Mystiker und Prediger Tauler. Jung ist Psychologe und beschränkt sich als solcher auf die Methoden der empirischen Wissenschaft. Philosophische und theologische Schlußfolgerungen überläßt er den Theologen. Doch die Religion ist auch für den Psychologen ein Phänomen, auf das er bei seinen Patienten immer wieder stößt. Man kann die Psyche des Menschen nicht untersuchen, ohne auch ihre Versuche zu sehen, sich in religiösen Systemen und Bildern eine Antwort auf die Sinnfrage zu geben. Jung beobachtet die religiösen Sinngebungen als Naturwissenschaftler nur unter dem Gesichtspunkt, inwieweit sie zur Gesundheit der menschlichen Seele beitragen. Ob hinter den religiösen Bildern eine transzendente Wirklichkeit steht, das kann er als Wissenschaftler nicht sagen, als Mensch aber hat er oft genug sich zu dieser Wirklichkeit bekannt. Es ist nun erstaunlich, daß Jung von der Psychologie her zu ähnlichen Ergebnissen kommt wie Tauler. Das bedeutet, daß der recht verstandene religiöse Weg auch psychologisch richtig ist.

Die Psychologie gibt uns Kriterien an die Hand, um innerhalb der religiösen Praxis Fehlformen von gesunden Formen zu unterscheiden. Sie darf sich freilich nicht zum Maßstab des religiösen Weges aufspielen. Doch jede Religion muß sich zumindest der psychologischen Frage stellen, wie weit sie den Menschen mit ihren Dogmen und mit ihrer Praxis psychisch gesund oder krank macht. Denn schließlich versteht sich die Religion ja als einen Weg, der den Menschen zum Heil führen will, nicht bloß zu einem rein jenseitigen, sondern zu einem menschlichen Heil.

Tauler will seine Zuhörer und Zuhörerinnen auf dem spirituellen Weg zu ihrem vollen Menschsein führen. Jung begleitet die Menschen auf ihrem Weg der Selbstwerdung und stößt sie dabei auf ihre spirituelle Seite, die sie nicht verleugnen dürfen, wenn sie zu ihrem wahren Selbst gelangen möchten. So führen uns der Mystiker und der Psychologe von zwei verschiedenen Ausgangspunkten doch an das gleiche Ziel: zu unserem wahren Selbst, zu dem unverfälschten und unberührten Bild, das Gott sich von jedem einzelnen Menschen gemacht hat.

Im Gefolge Sigmund Freuds hat sich die Psychologie fast ausschließlich auf die Kindheitsphase des Menschen konzentriert. Man hat genau die einzelnen Phasen in der Entwicklung des Kindes und des Jugendlichen studiert. Wenn dann im Leben eines Erwachsenen Krisen oder neurotische Symptome auftreten, so erkundet man seine Kindheit, um seine jetzige Situation erklären und heilen zu können. Das Interesse der klassischen Psychologie an der menschlichen Entwicklung endet mit dem Übergang des pubertären Jugendlichen in die Adoleszenz mit etwas 17–18 Jahren.

Erst bei C.G. Jung (1875–1961) ändert sich die Blickrichtung der Psychologie. Ist Freud der Psychologe der ersten Lebenshälfte, so kann man Jung mit Recht als den Psychologen der zweiten Lebenshälfte bezeichnen. Ihm geht es nicht darum, die Probleme der Erwachsenen in die Kindheit zurückzuverfolgen, sondern Wege zu finden, ihm hier und jetzt zu helfen. Die Änderung der Blickrichtung ist jedoch mehr als eine rein zeitliche, vielmehr geht es um qualitativ andere Probleme. Freud sieht in den neurotischen Konflikten des Menschen ausschließlich Triebprobleme, und die entstehen zumeist in der Kindheit. Jung dagegen macht in seinen Sprechstunden die Erfahrung, daß die meisten Probleme der Menschen über 35 Jahre religiöser Natur sind.

1. Der Prozeß der Individuation

Wollen wir C.G. Jungs Beobachtungen über die Probleme der Lebensmitte verstehen, so müssen wir kurz auf sein Verständnis der menschlichen Entwicklung eingehen, auf den Prozeß der Individuation. Individuation nennt Jung jenen Prozeß, »welcher ein psychologisches Individuum, das heißt eine gesonderte, unteilbare Einheit, ein Ganzes, erzeugt«.[1] Dieser Prozeß hat zwei große Phasen, die der Expansion in der ersten Lebenshälfte und die der Introversion in der zweiten Hälfte. In der ersten Hälfte des Lebens geht es darum, daß das Kind, das noch ganz im Unbewußten lebt, sich mehr und mehr dem Unbewußten entreißt und ein bewußtes Ich ausbildet. Als Ich bezeichnet Jung den bewußten Personenkern, das Zentrum seines Handelns und Urteilens. In der ersten Lebenshälfte gilt es für den Menschen, sein Ich immer mehr zu stärken, er soll in der Welt seinen festen Stand finden und sich behaupten können. Dazu entwickelt er eine ›persona‹, ein Gesicht, das den Erwartungen der Umwelt angepaßt ist, eine Maske, die ihn davor schützt, mit seinen Gefühlen und Stimmungen den Menschen preisgegeben zu sein.[2] Der persona obliegt die Beziehung des Ich zur Umwelt. Da der Mensch in der ersten Lebenshälfte seine Sorgfalt darauf verwendet, sein Ich zu stärken und eine feste persona aufzubauen, vernachlässigt er viele andere Züge. Als Folge davon entsteht der Schatten, gleichsam ein Spiegelbild des Ich, der sich zusammensetzt

aus den teils verdrängten, teils wenig oder gar nicht gelebten psychischen Zügen des Menschen, die von Anfang an aus moralischen, sozialen, erzieherischen oder sonstigen Gründen weitgehend vom Mitleben ausgeschlossen wurden und darum der Verdrängung beziehungsweise Abspaltung anheimfielen.[3]

Der Schatten besteht also nicht bloß aus dunklen negativen Seiten, sondern auch aus positiven. Das menschliche Sein ist polar: Jedem Pol steht ein Gegenpol gegenüber. Den einen Pol hebt der

Mensch ins Bewußtsein, der andere bleibt im Unbewußten. Jeder Eigenschaft steht eine andere gegenüber. Je mehr der Mensch eine Eigenschaft ausbildet, um so stärker wirkt ihr Gegenteil sich im Unbewußten aus. Das gilt nicht nur von den Tugenden, sondern auch von den vier Bewußtseinsfunktionen, die Jung unterscheidet: Denken, Fühlen, Intuieren, Empfinden. Wenn der Mensch einseitig seine Verstandesfunktionen ausbildet, so wird er im Unbewußten von infantil-triebhaften Gefühlsäußerungen (zum Beispiel Sentimentalität) überschwemmt. Zumeist werden die im Schatten liegenden Eigenschaften und Verhaltensmuster auf andere Menschen, vor allem auf einen Gegentypus projiziert. Diese Projektion, die eine Bewußtwerdung des Schattens verhindert, ist häufig Ursache zwischenmenschlicher Spannungen.

Neben dem persönlichen Schatten trägt der Mensch auch einen kollektiven Schatten in sich, in dem das allgemein Böse und Dunkle der Menschheitsgeschichte enthalten ist. Der kollektive Schatten ist ein Teil des kollektiven Unbewußten, in dem die Erfahrungen der ganzen Menschheit gespeichert sind, die in den Mythen, Archetypen und Symbolen der Religion ihren Ausdruck fanden. Zum kollektiven Unbewußten gehören auch anima und animus, Symbole für die weiblichen und männlichen Züge sowie Eigenschaften, Symbole für das Mütterliche und Väterliche.

In der ersten Lebenshälfte ist der Mensch so sehr mit seiner Selbstbehauptung beschäftigt, daß er sich mit seinem bewußten Ich identifiziert. Den

Schatten, die anima, das Unbewußte verdrängt er, ohne großen Schaden zu leiden. Das ändert sich nun in der zweiten Lebenshälfte, in der der Mensch seinen Schatten und seine anima beziehungsweise seinen animus integrieren muß, in der er also seine Projektionen nach außen zurücknimmt, sich seinem eigenen Unbewußten öffnet und sich die darin liegenden Einstellungen und Eigenschaften bewußt macht. Das Ich soll sich zurückwenden zu seinem Ursprung, zum Selbst, um von ihm her neue Lebenskraft zu gewinnen.

Die Entfaltung des Selbst ist das Ziel der Individuation. Das Selbst definiert Jung »als die psychische Ganzheit des Menschen«.[4] Während das Ich nur bewußt, der Schatten jedoch unbewußt ist, umfaßt das Selbst beides: Bewußtes und Unbewußtes. Der Mensch soll sich vom Ich auf das Selbst hin entfalten. Das geschieht, indem er immer mehr Unbewußtes sich selbst bewußt macht und integriert.

2. *Probleme der Lebensmitte*

Die Lebensmitte, etwa zwischen 35 und 45 Jahren, bezeichnet jenen Wendepunkt, an dem die Entfaltung des Ich sich zur Ausreifung des Selbst wandeln muß. Und das Grundproblem dieser Wende besteht darin, daß der Mensch meint, er könne mit den Mitteln und Prinzipien der ersten Lebenshälfte nun auch die Aufgaben der zweiten meistern.

Das menschliche Leben läßt sich mit dem Gang der Sonne vergleichen. Am Morgen geht sie auf und erhellt die Welt. Am Mittag erreicht sie ihren höchsten Stand und beginnt nun, ihre Strahlen zurückzunehmen und unterzugehen. Der Nachmittag ist genauso wichtig wie der Vormittag. Doch er folgt eben anderen Gesetzen. Für den Menschen bedeutet die Anerkennung seiner Lebenskurve, daß er ab der Lebensmitte sich statt an die äußere nun an die innere Realität anzupassen hat. Statt Expansion ist nun die Reduktion auf das Wesentliche, der Weg nach innen, Introversion gefordert. »Was die Jugend außen fand und finden sollte, soll der Mensch des Nachmittags innen finden.«[5]

Die Probleme, denen der Mensch in seiner Lebensmitte gegenübersteht, hängen mit den Aufgaben zusammen, die ihm die zweite Lebenshälfte abverlangt und auf die er sich erst neu einstellen muß: 1. die Relativierung seiner persona, 2. die Annahme des Schattens, 3. die Integration von anima und animus und 4. die Entfaltung des Selbst in der Annahme des Sterbens und in der Begegnung mit Gott.

a) Die Relativierung der persona

Es hat Kraft gekostet, sich in der Jugend und als junger Erwachsener seinen Platz im Leben zu erkämpfen. Der Kampf erforderte eine feste persona, die es einem erlaubt, sich in der Welt zu behaupten. Die Festigung der persona ging jedoch nicht über eine Verdrängung des Unbewußten. Bricht das Unbewußte in der Lebensmitte nun ein, so verunsichert es den Menschen. Seine bewußte Einstellung bricht zusammen, er wird desorientiert, verliert sein Gleichgewicht. Der Gleichgewichtsverlust ist für Jung etwas Zweckmäßiges, das nun auf ein neues Gleichgewicht abzielt, in dem nun auch das Unbewußte seinen ihm gebührenden Platz erhält.[6]

Freilich kann der Zusammenbruch der unbewußten Einstellung auch zur Katastrophe führen. Eine häufige Reaktion, sich vor dieser Verunsicherung zu schützen, ist das krampfhafte Festhalten an seiner persona, die humorlose Identität mit seinem Amt, mit seiner Beschäftigung, mit seinem Titel. Jung meint, diese Identifikation mit Amt oder Titel habe

> *etwas Verführerisches, weshalb so viele Männer überhaupt nichts anderes sind als ihre von der Gesellschaft ihnen zugebilligte Würde. Es wäre vergeblich, hinter dieser Schale eine Persönlichkeit zu suchen. Man fände hinter der großen Aufmachung bloß ein erbärmliches Menschlein. Darum ist das Amt so verführerisch: weil es eine billige Kompensation für persönliche Unzulänglichkeiten darstellt.*[7]

Statt auf die Erwartungen der Welt zu hören und sich hinter seiner persona zu verschanzen, hat der Mensch der Lebensmitte nun die Aufgabe, mehr auf die innere Stimme zu hören und daranzugehen, seine innere Persönlichkeit zu entwickeln.

b) Die Annahme des Schattens (Das Gegensatzproblem)

Jung sieht das ganze menschliche Leben in Gegensätzen. Dem Bewußten steht das Unbewußte gegenüber, dem Licht der Schatten, dem animus die anima. Die Gegensätzlichkeit ist wesentlich für den Menschen. Der Mensch wird nur ganz, er entfaltet sich nur dann zum Selbst, wenn er die Gegensätze nicht ausscheidet, sondern in sich umfaßt. Die erste Lebenshälfte betonte mit der Festigung des Ich einseitig das Bewußte. Der Verstand schuf sich Ideale, denen er folgte. All diesen Idealen entsprechen aber im Unbewußten gegenteilige Einstellungen. Je mehr der Mensch diese auszuschließen versucht, desto mehr kehren sie in seinen Träumen wieder. Ebenso entsprechen den Verhaltensmustern, die der Mensch bewußt lebt, in seinem Unbewußten die konträren Einstellungen. Die Lebensmitte verlangt, sich nun auch den gegensätzlichen Polen zuzuwenden, den ungelebten Schatten anzunehmen und sich damit auseinanderzusetzen.

Hier stoßen wir auf zwei typische Fehlverhaltensweisen der Lebensmitte: die eine besteht darin, daß das Gegenteil der bewußten Einstellung nicht gesehen wird. Man hält an den alten Werten fest, wird zum Prinzipienreiter, zum ›laudator temporis acti‹. Man versteift sich, wird versteinert, borniert. Das vorschriftsgemäße Benehmen wird zum Ersatz für die geistige Wandlung.[8]

Es ist letztlich die Angst vor dem Gegensatzproblem, die einen erstarren läßt. Man fürchtet sich vor seinem unheimlichen Bruder und will ihn nicht wahrhaben. Es darf »nur eine Wahrheit und Richtschnur des Handelns geben, die absolut sein muß; sonst gewährt sie keinen Schutz gegen den drohenden Umsturz, der überall gewittert wird, nur nicht bei sich selbst«.[9]

Die andere Reaktion auf das Gegensatzproblem ist, daß man alle bisherigen Werte über Bord wirft. Sobald man den Irrtum in der bisherigen Überzeugung, die Unwahrheit in der Wahrheit, den Haß in der bisherigen Liebe entdeckt, läßt man all seine bisherigen Ideale beiseite und versucht, im Gegensatz zu seinem früheren Ich weiterzuleben. »Berufsänderungen, Scheidungen, religiöse Wandlungen, Apostasien aller Art sind Symptome dieses Hinüberschwingens ins Gegenteil.«[10] Man meint, das bisher Verdrängte nun endlich leben zu können. Aber statt es zu integrieren, verfällt man in das bisher Ungelebte und verdrängt das bisher Gelebte. So bleibt die Verdrängung bestehen, sie wechselt nur ihr Objekt. Und mit der Verdrängung bleibt die Störung des Gleichgewichts.

Man erliegt dem Irrtum, daß der gegenteilige Wert unseren bisherigen Wert aufgehoben hat. Man sieht nicht ein, daß kein Wert und keine Wahrheit unseres Lebens durch ihr Gegenteil einfach negiert wird, sondern daß sie vielmehr relativ zueinander sind. »Alles Menschliche ist relativ, weil alles auf innerer Gegensätzlichkeit beruht.«[11] Die Neigung, die früheren Werte zugunsten ihres Gegenteils zu verleugnen, ist daher ebenso übertrieben wie die frühere Einseitigkeit, da man vor lauter Idealen nicht die unbewußten Phantasien beachtete, die sie in Frage stellten. Es geht in der zweiten Lebenshälfte »nicht um eine Konversion ins Gegenteil, sondern um eine Erhaltung der früheren Werte zusammen mit einer Anerkennung ihres Gegenteils.«[12]

c) Die Integration von anima und animus

Das Gegensatzproblem zeigt sich in der Lebenswende darin, daß der Mann auf neue Weise mit seiner anima und die Frau mit ihrem animus konfrontiert wird. Ihre Aufgabe ist es, einen neuen Umgang mit anima und animus zu finden. Jung hat beobachtet, daß Männer und Frauen in der Lebensmitte auf einmal Züge des anderen Geschlechtes annehmen.

Besonders bei südlichen Völkern findet man, daß ältere Frauen rauhe, tiefe Stimmen, Schnurrbärte, harte Gesichtszüge und in verschiedenen anderen Hinsichten männliches Wesen entwickeln. Umgekehrt mildert sich der physische männliche Habitus durch weibliche Züge, wie Fettansatz und weicheren Gesichtsausdruck.[13]

Jung meint, es sehe so aus, als sei das Männliche und Weibliche ein bestimmter Vorrat von Substanzen. Der Mann verbrauche in der ersten Lebenshälfte den Großteil seines männlichen Potentials, so daß ihm fast nur noch weibliche Substanz übrigbleibe.[14]

Das zeige sich in der psychischen Veränderung an Mann und Frau in der Lebensmitte:

Wie häufig kommt es zum Beispiel vor, daß der Mann mit fünfundvierzig bis fünfzig Jahren abgewirtschaftet hat, und daß dann die Frau die Hosen anzieht und einen kleinen Kramladen eröffnet, wo der Mann vielleicht noch Handlangerdienste tut. Es gibt sehr viele Frauen, die zu sozialer Verantwortlichkeit und zu sozialem Bewußtsein überhaupt erst nach dem vierzigsten Lebensjahre erwachen. Im modernen Geschäftsleben, besonders in Amerika, ist das break down, der nervöse Zusammenbruch, nach dem vierzigsten Jahr ein ungemein häufiges Erlebnis. Untersucht man die Opfer genauer, so sieht man, daß das, was zusammengebrochen ist, der bisherige, männliche Stil ist, und zurückgeblieben ist ein verweiblichter Mann. Umgekehrt beobachtet man in denselben Kreisen Frauen, welche in diesen Jahren eine ungemeine Männlichkeit und Härte des Verstandes entwickeln, welche Herz und Gefühl in den Hintergrund drängen. Sehr häufig sind dies Verwandlungen begleitet von Ehekatastrophen aller Art, denn es ist nicht allzuschwer, sich vorzustellen, was es dann gibt, wenn der Mann seine zarten Gefühle und die Frau ihren Verstand entdeckt.[15]

Jung nennt die weiblichen und männlichen Züge, Eigenschaften und Prinzipien anima und animus. Jeder Mensch trägt beides in sich. In der ersten Lebenshälfte entfaltet er meist nur eine Seite, während die andere ins Unbewußte verdrängt wird. Betont der Mann nur seine Männlichkeit, so zieht sich die anima ins Unbewußte zurück und äußert sich dann in Launen und heftigen Affekten. »Sie verstärkt, übertreibt, verfälscht und mythologisiert alle emotionalen Beziehungen zu Beruf und Menschen beiderlei Geschlechts.«[16]

Bei Frauen äußert sich der verdrängte animus in festen Meinungen. Diese Meinungen beruhen auf unbewußten Voraussetzungen und lassen sich daher nicht erschüttern. Sie sind unantastbare Prinzipien, die nicht weiter hinterfragt werden, Meinungen um ihrer selbst willen.

Bei intellektuellen Frauen veranlaßt der Animus ein intellektuell und kritisch sein sollendes Argumentieren und Raisonnieren, das aber im wesentlichen darin besteht, einen nebensächlichen schwachen Punkt zu einer sinnwidrigen Hauptsache zu machen. Oder eine an sich klare Diskussion wird aufs Heilloseste verwickelt durch das Hereinbringen eines ganz andern, womöglich schiefen Gesichtspunktes. Ohne es zu wissen, zielen solche Frauen bloß darauf hin, den Mann zu verärgern, womit sie dann dem Animus um so völliger verfallen.[17]

Gibt der Mann seine weiblichen Züge, also seine Gefühle, das Schöpferische und Mütterliche in sich nicht zu, so projiziert er es auf Frauen, die ihn dann faszinieren. Projektion verursacht immer Faszination. So ist die Verliebtheit junger Leute, die von so starken Emotionen begleitet ist, mit Projektion verbunden. In der zweiten Lebenshälfte wird dem Mann die Rücknahme seiner Projektion verlangt. Er soll sich also eingestehen und bejahen, daß er all das, was ihn an der Frau so anzieht, in sich selbst trägt. Dieses Eingeständnis ist jedoch für einen auf seine Männlichkeit bedachten Mann nicht einfach. Jung meint, es fordere große Kraft und peinliche Ehrlichkeit sich selbst gegenüber: »Den Schatten zu erkennen, nenne ich das Gesellenstück, mit der anima auszukommen hingegen das Meisterstück, welches nicht viele zustande kriegen.«[18]

Jung zeigt verschiedene Wege für die Auseinandersetzung mit der anima auf. Der erste Schritt besteht darin, daß ich meine Launen, meine Affekte und Emotionen nicht verdränge, indem ich sie entweder mit einer Beschäftigung überspiele oder sie entwerte, sie als meine Schwäche entschuldige, die ich halt mal habe. Diesen »Entwertungs- und Verleugnungsmechanismus«[19] durchschauen und die Äußerungen des Unbewußten in den Launen und Affekten ernst nehmen, das ist die vornehmliche Aufgabe. Wenn ich mit den Launen ein Gespräch anfange, kann ich dem Unbewußten dadurch Gelegenheit geben, sich zum Ausdruck zu bringen und so ins Bewußtsein zu gelangen. Indem ich die Affekte frage, was sie mir sagen, auf welche Seiten, Wünsche und Anlagen in meinem Unbewußten sie hinweisen wollen, lasse ich die anima in mir selbst zu Wort kommen. Dieses Gespräch mit den eigenen Gefühlen und Launen und in ihnen mit dem eigenen Unbewussten, ist für Jung eine wichtige Technik der Anima-Erziehung.[20] Weitere Wege sind die bewußte Entfaltung der Gefühlskräfte, der musischen und künstlerischen Seiten, die jeder in sich trägt.

Ein wichtiger Ort, an dem der Mann mit seiner anima konfrontiert wird, ist der Traum. Die Frauen, von denen der Mann träumt, symbolisieren oft seine anima. Je nachdem, wie der Mann der Frau im Traum begegnet, erkennt er seinen reifen oder unreifen Umgang mit der anima, seine Verdrängung oder seine Integration.

Das Unbewußte, das dem Mann in seiner anima gegenübertritt, ist nicht ohne Gefahren. Es kann den in der unbewußten Welt Erfahrenen nicht nur verunsichern, sondern auch vereinnahmen und verschlingen. Daher bedarf der Mensch eines Schutzes, um seinem Unbewußten so begegnen zu können, daß er daraus Nutzen ziehen kann. Und diesen Schutz bietet ihm nach Jung die Religion mit ihren Symbolen. Die Religion greift das Gefühlsmäßige und Schöpferische der anima auf und ist so für den Menschen wie eine Mutter, die ihm das Leben schenkt, wie eine fruchtbare Quelle, aus der er trinken kann, und die ihn lebendig und schöpferisch erhält.

Die Religion gewährt dem Mann die Geborgenheit, die er bei der Mutter sucht, führt ihn aber zugleich aus der infantilen Bindung an seine Mutter heraus. Bleibt der Mensch an seine Mutter gebunden, so ist er nach Jung seinen Affekten ausgeliefert und in seiner psychischen Gesundheit gefährdet. Die Bindung an die Mutter ist oft unbewußt und zeigt sich dann in der Projektion seiner anima auf eine Frau, die für ihn die Mutterrolle übernimmt. Der Mann sucht gerade in der Lebensmitte, da das Unbewußte mit all seiner Unberechenbarkeit in ihn hereinbricht, Schutz und Geborgenheit. Die Angst vor dem Unbekannten des Unbewußten läßt ihn in der Frau Schutz suchen. Und diese Angst verleiht der Frau eine illegitime Macht über ihn, da sie ihrem Besitzinstinkt verführerisch entgegenkommt.

Die Religion ist da für Jung ein wirksames Mittel, um die Fruchtbarkeit der anima in sich selbst zu erfahren und ihn vor der Abhängigkeit zu schützen, in die ihn die Projektion seiner anima auf Frauen führen kann. Wer seine anima nur projiziert, ohne sie zu integrieren, verfällt einer völligen Abhängigkeit von der Frau. Die ›Macho-Typen‹ des Dritten Reiches, die ihre Männlichkeit einseitig herauskehrten, waren ihren Frauen hörig. Da waren sie wie kleine Kinder, die sich an die Mutter hängen. Die Integration der anima befreit den Mann von der Hörigkeit. Die Religion ist für Jung ein wichtiger Weg, die anima zu integrieren. Die Religion läßt den Mann all die fruchtbaren und schöpferischen Kräfte der anima erfahren, die für seine eigene Lebendigkeit notwendig sind. Denn ohne die Kräfte der anima verliert der Mensch an Lebendigkeit, Flexibilität und Menschlichkeit:

Es entsteht in der Regel frühzeitige Erstarrung, wenn nicht Verkalkung, Stereotypie, fanatische Einseitigkeit, Eigensinnigkeit, Prinzipienreiterei oder das Gegenteil: Resignation, Müdigkeit, Schlamperei, Unverantwortlichkeit und schließlich ein kindisches, ›ramollissement‹ mit Neigung zu Alkohol.[21]

Wie der Mann mit seiner anima, so muß die Frau mit ihrem animus umzugehen lernen. Sie sollte den animus als Einfallstor für ihr eigenes Unbewußtes benutzen, als Möglichkeit, ihr Unbewußtes besser kennenzulernen. Ihre Meinungen, die oft den Charakter von soliden nicht zu erschütternden Überzeugungen und unantastbar gültigen Prinzipien haben, sollte sie kritisch hinterfragen und nach ihrer Herkunft forschen. Denn dadurch kann sie auf die unbewußten Voraussetzungen ihrer scheinbar rein rational begründeten Meinungen stoßen. So wird der animus zu einer Brücke ins Unbewußte, in dem fruchtbare und schöpferische Kräfte ruhen, die für ihre Selbstwerdung notwendig sind. Auch für die Frau ist der Traum eine wichtige Erkenntnisquelle für ihren Umgang mit dem animus. Wenn ein Mann sie im Traum verfolgt, dann ist es immer der nicht integrierte animus. Wenn sie den Traum nochmals meditiert und den Verfolger fragt, was er ihr denn sagen oder geben möchte, dann wird sie entdecken, daß im animus eine wichtige Kraft bereit liegt, die sie für ihren Weg der Selbstwerdung braucht.

Die Religion hat bei der Frau für die Integrierung des animus eine andere Funktion als beim Mann. Für die Frau sind vor allem die asketischen und moralischen Forderungen wichtig, um sie aus dem bergenden und behütenden Muttersein hinauszuführen in das Engagement, in Verantwortung und Tat. Der animus muß die anima formen, der fordernde Geist des Vaters die anima befruchten. So kann die Religion der anima Form und Gestalt verleihen, in der ihr Leben sich entfalten und wachsen kann.

Eine Hilfe für die Integrierung von anima und animus ist ferner die Gemeinschaft, die sowohl Geborgenheit schenken als auch fordern und formen kann. Wer sich gegenüber der Gemeinschaft verschließt, schneidet sich vom Strom des Lebens ab. Jung sieht den Grund des Sich-Verschließens gegenüber der Gemeinschaft im Verbergen seiner Affekte wie seines Minderwertes. Und so sind Einsamkeit und Isolierung letztlich nicht ein Problem mangelnder Kontaktfähigkeit, sondern mangelnder Bescheidenheit. Wer zu stolz ist, sich seinen Mitmenschen zu öffnen, der isoliert sich selbst. Wer bescheiden genug ist, der bleibt niemals einsam. [22] Wer sich also seine persona, die er nach außen hin aufgebaut hat, immer wieder von den ihn in Frage stellenden Kräften der anima und des animus durchbrechen läßt, wer sich seiner Gegensätzlichkeit ehrlich stellt, wer seine Stimmungen und Meinungen immer wieder hinterfragt, wer bescheiden genug ist, sich dem anderen zu öffnen, dem wird die Gemeinschaft zu einer wirksamen Hilfe, anima und animus zu integrieren und so seelisch ins Gleichgewicht zu kommen.

Das Konzept von anima und animus hat in jüngster Zeit vor allem bei Frauen heftige Kritik hervorgerufen. Frauen sehen hier bei Jung eine typisch männliche Sichtweise. Durch die Art und Weise, wie er über Frauen spricht, fühlen sie sich verletzt. Sicher ist Jung hier auch Kind seiner Zeit. Er hat das einseitige Frauenbild seiner Zeit übernommen. Heute sehen sich Frauen wesentlich differenzierter. In den Frauen gibt es nicht nur die Archetypen der großen Mutter, der Amazone, der Helena oder Sophia, die Jung beschreibt, sondern auch die Archetypen, die in den verschiedenen griechischen Göttinnen zum Ausdruck kommen. Da gibt es die Aphrodite, die Athene und die Artemis. Nach dem Jungschen Modell wäre die intellektuelle Athene eine Frau mit einem animus-Komplex. Doch das ist zu einseitig. Alle drei Göttinnen repräsentieren innere Bilder der Frau. Und nicht jede Frau muß eine Aphrodite sein. Athene und Artemis repräsentieren genauso reife und integrierte Frauen.

Dennoch kann das Modell von anima und animus helfen, die Krise vieler Männer und Frauen in der Lebensmitte zu verstehen. Männer und Frauen müssen in der Lebensmitte neu ihr ganz persönliches Bild von Mannsein und Frausein entdecken und ihre ureigenste Identität finden. Dabei sollen sie sich ihrer Polarität bewußt sein. Anima und animus darf man nicht zu sehr mit weiblichen und männlichen Seiten in Beziehung bringen. Sonst ist man in der Gefahr, sie sexistisch auszulegen. Sie sind vielmehr Archetypen des Menschen, die nicht in erster Linie mit Mann und Frau zu tun haben, sondern mit der Struktur der menschlichen Seele. Entscheidend ist, daß sich der Mann in der Lebensmitte neu überlegen will, wie er seine Ganzheit leben möchte. Und die Frau muß sich klar werden, was zu ihrem Wesen als Frau alles gehört. Sie muß die Bilder ablegen, die andere ihr übergestülpt haben, um das Bild zu finden, das gerade für ihre persönliche Verwirklichung des Frauseins stimmt.

d) Die Entfaltung des Selbst in der Annahme des Sterbens und in der Begegnung mit Gott

Das eigentliche Problem, vor dem der Mensch in der Lebensmitte steht, ist schließlich seine Haltung gegenüber dem Tod. Die psychische Lebenskurve, die sich nach unten neigt, läuft auf den Tod zu. Nur wenn der Mensch an ein Weiterleben nach dem Tode glaubt, ist das Ende seines irdischen Lebens, ist der Tod ein vernünftiges Ziel. Nur dann hat die zweite Lebenshälfte in sich selbst ihren Sinn und ihre Aufgabe. Für Jung ist das Weiterleben nach dem Tod keine Sache des Glaubens, sondern der psychischen Realität. Die Seele findet es vernünftig. Indem sie sich darauf einrichtet, bleibt sie gesund.[23]

In der Lebensmitte muß sich der Mensch mit seinem Tod vertraut machen. Er muß bewußt das Absteigen seiner biologischen Lebenskurve annehmen, um seine psychologische Linie weiter aufsteigen zu lassen in Richtung Individuation. Jung meint: »Von der Lebensmitte an bleibt nur der lebendig, der mit dem Leben sterben will.«[24] Die Angst vor dem Sterben sieht Jung in Zusammenhang mit der Angst vor dem Leben:

Wie es eine große Zahl junger Menschen gibt, die im Grunde genommen eine panische Angst haben vor dem Leben, das sie doch so sehr ersehnen, so gibt es vielleicht noch eine größere Zahl alternder Menschen, welche dieselbe Furcht vor dem Tode haben. Ja, ich habe die Erfahrung gemacht, daß gerade jene jungen Leute, welche das Leben fürchten, später ebensosehr an Todesangst leiden. Sind sie jung, so sagt man, sie hätten infantile Widerstände gegen die normalen Forderungen des Lebens; sind sie alt, so müßte man eigentlich dasselbe sagen, nämlich daß sie ebenfalls Angst vor einer normalen Forderung des Lebens haben. Aber man ist dermaßen überzeugt, daß der Tod einfach das Ende eines Ablaufes ist, daß es einem in der Regel gar nicht beikommt, den Tod ähnlich als ein Ziel und eine Erfüllung aufzufassen, wie man es bei den Zwecken und Absichten des aufsteigenden, jugendlichen Lebens ohne weiteres tut.[25]

Das Leben hat ein Ziel. In der Jugend besteht das Ziel darin, daß der Mensch sich in der Welt einrichtet und etwas erreicht. Mit der Lebensmitte ändert sich das Ziel. Es liegt nicht auf dem Gipfel, sondern im Tal, dort, wo der Aufstieg begann. Und es gilt, sich auf dieses Ziel hinzubewegen. Wer das nicht tut, wer sich krampfhaft an seinem Leben festhält, dessen psychologische Lebenskurve verliert den Zusammenhang mit seiner biologischen. »Sein Bewußtsein steht in der Luft, während unter ihm die Parabel mit vermehrter Geschwindigkeit absinkt.«[26] Die Angst vor dem Tod ist letztlich: Nicht-leben-wollen. Denn leben, lebendig bleiben, reifen kann nur, wer das Gesetz des Lebens annimmt, das sich auf den Tod als sein Ziel hinbewegt.

Statt vor zu schauen auf das Ziel des Todes, blicken viele zurück in die Vergangenheit. Während wir alle einen jungen Mann von 30 Jahren, der in die Kindheit zurückblickt und infantil bleibt, bedauern, bewundert unsere Gesellschaft alte Menschen, die wie Jugendliche aussehen und sich so gebärden. Jung nennt

beide pervers, stillos, psychologische Naturwidrigkeiten. Ein Junger, der nicht kämpft und siegt, hat das Beste seiner Jugend verpaßt, und ein Alter, welcher auf das Geheimnis der Bäche, die von Gipfeln in Täler rauschen, nicht zu lauschen versteht, ist sinnlos, eine geistige Mumie, welche nichts ist als erstarrte Vergangenheit. Er steht abseits von seinem Leben, maschinengleich sich wiederholend bis zur äußersten Abgedroschenheit. Was für eine Kultur, die solcher Schattengestalten bedarf![27]

Ein typisches Zeichen der Angst vor der Zukunft des Alterns ist das Festhalten an der Zeit der Jugend. Jung fragt:

Wer kennt nicht jene rührenden alten Herren, die die Studentenzeit immer wieder aufwärmen müssen und nur im Rückblick auf ihre homerische Heldenzeit ihre Lebensflamme anfachen können, im übrigen aber in einem hoffnungslosen Philistertum verholzt sind?[28]

Statt sich auf das Altern zu bereiten, wird man zum ewig Jungen, nach Jung »ein kläglicher Ersatz für die Erleuchtung des Selbst«[29], die vom Menschen der zweiten Lebenshälfte gefordert wird.

Die Menschen in der Lebensmitte sind heute nicht vorbereitet auf das, was sie in der zweiten Lebenshälfte erwartet. Als Grund gibt Jung an, daß wir zwar Schulen für Jugendliche haben, aber nicht für Vierzigjährige, die sie auf das Bestehen der zweiten Lebenshälfte hin erziehen. Seit alters her waren die Religionen solche Schulen. Sie haben die Menschen auf das Geheimnis der zweiten Lebenshälfte vorbereitet. Und Jung kann auch heute dem Menschen in der Lebensmitte keine andere Schule anbieten als die Religionen, die den Menschen einweisen in das Sterben, weil sie ihn über das Sichbehaupten in der Welt hinausführen in einen Bereich, wo der Mensch erst wahrhaft zum Menschen wird.

Nach Jung kann der Mensch sein Selbst nur dann entfalten, wenn er das Göttliche in sich erfährt. Die Idee des Gott in uns, das Wort des heiligen Paulus »Nicht mehr ich lebe, sondern Christus lebt in mir« drückt für Jung die Erfahrung eines Menschen aus, der zu sich selbst gefunden hat. Und es kommt für den Menschen der Lebensmitte darauf an, daß er sein enges Ich losläßt, um sich Gott zu überlassen. Wer die Übergabe an Gott verweigert, findet nie zu einer Ganzheit und damit letztlich nicht zu seiner seelischen Gesundheit. So ist für viele Menschen der zweiten Lebenshälfte das eigentliche Problem ein religiöses. Jung sagt:

Unter allen meinen Patienten jenseits der Lebensmitte, das heißt jenseits 35, ist nicht ein einziger, dessen endgültiges Problem nicht das der religiösen Einstellung wäre. Ja, jeder krankt in letzter Linie daran, daß er das verloren hat, was lebendige Religionen ihren Gläubigen zu allen Zeiten gegeben haben, und keiner ist wirklich geheilt, der seine religiöse Einstellung nicht wieder erreicht, was mit Konfession oder Zugehörigkeit zu einer Kirche natürlich nichts zu tun hat.[30]

Für die Begegnung mit dem Gottesbild, das für seine psychische Gesundheit notwendig ist, bietet Jung dem Menschen die gleichen Mittel und Methoden an, die wir auch bei den geistlichen Schriftstellern finden. Jung spricht vom Opfer, in dem der Mensch sich Gott übergibt, in dem er etwas von seinem Ich opfert, um sich selbst zu gewinnen. Die Introversion, die Jung vom Menschen der Lebensmitte fordert, vollzieht sich in Meditation und Askese. Einsamkeit und absichtliches Fasten sind für ihn »die seit alters bekannten Mittel, um jene Meditation, welche den Zugang zum Unbewußten eröffnen soll, zu unterstützen«.[31] Dicses Eingehen in das Unbewußte, die Vertiefung in sich selbst bedeutet für den Menschen Erneuerung und geistige Wiedergeburt.

Der Schatz, von dem Christus spricht, liegt im Unbewußten verborgen, und nur die Symbole und Mittel der Religion machen den Menschen fähig, diesen Schatz zu heben. So wie Christus im Tod in den Hades hinabsteigt, so muß auch der Mensch durch die Nacht des Unbewußten, durch die Höllenfahrt der Selbstbegegnung hindurch, um mit der Kraft des Unbewußten gestärkt wiedergeboren zu werden. Das Ergebnis dieser Erfahrung von Menschen, die durch die Krisen der Lebensmitte hindurchgegangen sind und sich von Gott durch diese Krisen haben wandeln lassen, faßt Jung so zusammen:

Sie kamen zu sich selber, sie konnten sich selber annehmen, sie waren imstande, sich mit sich selbst zu versöhnen, und dadurch wurden sie auch mit widrigen Umständen und Ereignissen ausgesöhnt. Das ist fast das gleiche, was man früher mit den Worten ausdrückte: ›Er hat seinen Frieden mit Gott gemacht, er hat seinen eigenen Willen zum Opfer gebracht, indem er sich dem Willen Gottes unterwarf.‹[32]

Die geistige Wiedergeburt, das Sich-wandeln-lassen durch Gott, ist die Aufgabe der zweiten Lebenshälfte, eine Aufgabe voller Gefahren, aber auch voller Verheißungen. Sie verlangt weniger psychologische Kenntnisse als vielmehr das, was wir mit Frömmigkeit bezeichnen, die Bereitschaft, sich nach innen zu wenden, um auf den Gott zu hören, der in uns ist. Mit aller geistigen Anstrengung, so fordert Jung, soll sich der Mensch der Lebensmitte seiner Aufgabe der Selbstwerdung widmen, einer Aufgabe freilich, die wir nicht aus eigener Kraft bewältigen, sondern die uns nur ›concedente deo‹ gelingen kann.

Schluß

In den zwanzig Jahren seit dem ersten Erscheinen dieser Kleinschrift über die Krise der Lebensmitte habe ich viele Kurse zu diesem Thema gehalten. Immer wieder spürte ich, wie die Gedanken Taulers und Jungs ein positiver Anstoß waren, sich über die eigene Identität klar zu werden. Die Lebensmitte ist eine wichtige Herausforderung, sich der eigenen Wahrheit zu stellen. Wer diese Herausforderung annimmt, der trauert nicht mehr der vergangenen Jugend nach. Er lebt vielmehr ganz im Augenblick. Er spürt, wie spannend das Leben ist, wie gerade das Älterwerden ihn in neue Bereiche des Menschseins einführt. Er lebt gerne gerade in dem Alter, in dem er jetzt ist.

Ich hatte die Kleinschrift über die Lebensmitte im Alter von 35 Jahren veröffentlicht, also in einem Alter, in dem die Lebensmitte erst beginnt. Ich hielt mich daher vor allem an die Aussagen von Jung und Tauler. Die eigene Erfahrung war noch nicht tief genug. Es war mehr eine Ahnung von dem, was mich erwartet. Inzwischen habe ich die Lebensmitte längst durchschritten. Manchmal spürte ich schmerzlich, was es heißt: Illusionen von sich loszulassen, die Jugend endgültig hinter sich zu lassen und sich dem zu stellen, was die Seele aufwühlt.

Es ist etwas anderes, über die Krise der Lebensmitte zu schreiben, als sie dann am eigenen Leib zu erleben. Dennoch bin ich dankbar für die Einsichten, die mir beim Schreiben dieses Buches kamen. Sie halfen mir, die eigene Lebensmitte besser zu bestehen. Doch als ich mit 40 Jahren die Krise spürte und sie doch verhältnismäßig gnädig an mir vorüberging, dachte ich, daß ich jetzt in aller Ruhe weiterleben könnte. Doch das Leben führt durch immer neue Krisen und Herausforderungen. Es gibt zwar die typische Krise der Lebensmitte, doch wir sollten uns darauf nicht fixieren.

Wir haben vielmehr immer damit zu rechnen, daß das Leben uns Illusionen über uns nimmt, daß es unsere Vorstellungen von gelingendem Leben durchkreuzt und uns mit Seiten konfrontiert, die wir längst bearbeitet und bewältigt wähnten. So versuche ich, jetzt im Augenblick zu leben, dankbar zu sein für alles, was in und mit mir geschehen ist, und immer offen zu sein für die Herausforderung, die mir die Gegenwart stellt. Offensichtlich will Gott noch vieles an mir aufdecken, formen, läutern und verwandeln, bis die einmalige Gestalt sich herausbildet, die Gott sich von mir gemacht hat. Auf diesem Weg dorthin bin ich offen für die Überraschungen, die Gott für mich bereit hält, aber auch für die Enttäuschungen, die mir alle Täuschung über mich nehmen wollen, damit die Wahrheit immer reiner zum Vorschein kommt.

Anmerkungen

Zur »Einführung« und »Die Bewältigung der Lebensmitte bei Johannes Tauler«

1 Vgl. C. G. Jung, Die Lebenswende, Gesammelte Werke 8. Band, Zürich 1967, S. 441–460; J. David, Altersrevolution: statt Abbau Veränderung, in: Orientierung 38 (1974) S. 151–154; F. Wulf, Der Mittagsdämon oder die Krise der Lebensmitte, in: Geist und Leben 38 (1965) S. 241–245; F. Pöggeler, Die Lebensalter, Mainz 1973; R. Guardini, Die Lebensalter. Ihre ethische und pädagogische Bedeutung, Würzburg, 4. Auflage 1957; T. Bovet, Führung durch die Lebensalter, Bern 1963; H. Vollmer, Die Krise in den mittleren Jahren und wie sie zu bewältigen ist, München 1977; P. Tournier, Die Jahreszeiten unseres Lebens. Entfaltung und Erfüllung, Hamburg 1967; H. Schreiner, Midlife Crisis. Die Krise in der Mitte des Lebens, München 1977.

2 Johannes Tauler, Predigten. Vollständige Ausgabe übertr. u. hrsg. V. G. Hofmann, Freiburg 1961, S. 163f (19. Predigt).

3 Zitiert bei I. Weilner, Johannes Taulers Bekehrungsweg. Die Erfahrungsgrundlagen seiner Mystik, Regensburg 1961, S. 174. Unsere Darlegungen der Taulerschen Gedanken folgen zu einem großen Teil der Arbeit Weilners, der die Bedeutung der Lebenswende für das geistliche Leben in den Predigten Taulers sehr gut herausgearbeitet hat. Wenn wir die Predigten Taulers nach Weilners Übersetzung zitieren, geben wir im Text jeweils die Seitenzahl bei Weilner an.

4 Vgl. Tauler S. 523 (68. Predigt).

5 Vgl. Tauler S. 625f (84. Predigt).

6 Tauler S. 339 (44. Predigt).

7 Tauler S. 626 (84. Predigt). Tauler zitiert hier etwas frei die Stelle, in der Papst Gregor im 2. Buch der Dialoge nach der Versuchung Benedikts davon spricht, wie Benedikt nun nach Überwindung der Anfechtung zum Lehrer des geistlichen Lebens für andere wurde. Die Stelle lautet: »Frei von den Gebrechen der Anfechtung ward er nun mit Recht ein Meister der Tugenden. Deshalb wird auch im Buche Exodus durch Moses verordnet, daß die Leviten von 25 Jahren an und darüber dienen, vom 50. Jahre an aber die Hüter der heiligen Gefäße sein sollen (Exodus 8,24–26).« Dialoge II, 2. Kap. zit. nach der Übersetzung v. C. Kniel, Beuron 1929.

8 Tauler S. 626 (84. Predigt).

9 C. Carretto, Wo der Dornbusch brennt, Freiburg 1976, S. 81f.

10 Tauler S. 19 (1. Predigt).

11 Tauler S. 18 (1. Predigt).

Zu »Probleme der Lebensmitte nach C.G. Jung«

1 C.G. Jung, Gesammelte Werke (=GW) 9. Band, Olten 1976, S. 293.

2 Vgl. J. Jakobi, Der Weg zur Individuation, Zürich 1965, S. 48f. Zur Notwendigkeit einer gut sitzenden persona, vgl. Jung, GW 7. Band, S. 218.

3 Jakobi, Der Weg zur Individuation, S. 50.

4 Jung, GW 11. Band, Zürich/Stuttgart 1963, S. 170.

5 Jung, GW 7. Band, S. 81.

6 Vgl. ebd. S. 178f.

7 Ebd. S. 159.

8 Vgl. Jung, GW 9. Band, S. 151.

9 Jung, GW 7. Band, S. 82.
10 Ebd. S. 81.
11 Ebd. S. 82.
12 Ebd. S. 82.
13 Jung, GW 8. Band, S. 453f.
14 Vgl. ebd. S. 454.
15 Ebd. S. 454f.
16 Jung, GW 9. Band, S. 86.
17 Jung, GW 7. Band, S. 229.
18 Jung, Briefe III 1956–1961, Olten 1973, S. 225.
19 GW 7. Band, S. 222.
20 Vgl. ebd. S. 223 und 237.
21 GW 9. Band, S. 87.
22 Vgl. Briefe III, S. 93: »Wenn Sie einsam sind, so liegt das daran, daß Sie sich isolieren. Sind Sie bescheiden genug, dann bleiben Sie niemals einsam. Nichts isoliert uns mehr als Macht und Prestige. Versuchen Sie, herabzusteigen und Bescheidenheit zu lernen, und Sie werden nie allein sein!«.
23 Vgl. GW 8. Band, S. 457ff u. 469ff.
24 Ebd. S. 466.
25 Ebd. S. 465.
26 Ebd. S. 464.
27 Ebd. S. 466.
28 Ebd. S. 452.
29 Ebd. S. 455.
30 Jung, GW 11. Band, Zürich/Stuttgart 1963, S. 362.
31 Jung, GW 5. Band, S. 428.
32 C. G. Jung, Psychologie und Religion, Zürich 1947, S. 147.

Die Lebenskunst der Klöster

Münsterschwarzacher Kleinschriften

1	Anselm Grün, **Gebet und Selbsterkenntnis**	1979/2002
3	F. Ruppert/A. Grün, **Christus im Bruder**	1979/2004
6	Anselm Grün, **Der Umgang mit dem Bösen**	1980/2001
7	Anselm Grün, **Benedikt von Nursia**	1979/2004
11	Anselm Grün, **Der Anspruch des Schweigens**	1980/2003
13	A. Grün, **Lebensmitte als geistliche Aufgabe**	1980/2001
17	F. Ruppert/A. Grün, **Bete und Arbeite**	1982/2003
18	Jean Lafrance, **Der Schrei des Gebetes**	1983
19	Anselm Grün, **Einreden**	1983/2001
22	Anselm Grün, **Auf dem Wege**	1983/2002
23	Anselm Grün, **Fasten**	1984/2001
25	Guido Kreppold, **Die Bibel als Heilungsbuch**	1985/2004
26	M. Dufner/A. Louf, **Geistl. Begleitung i. Alltag**	1985/2006
28	M. W. Schmidt, **Christus finden i. d. Menschen**	1985
29	Grün/Reepen, **Heilendes Kirchenjahr**	1985/2001
31	Basilius Doppelfeld, **Mission**	1985
32	Anselm Grün, **Glauben als Umdeuten**	1986/2002
36	Anselm Grün, **Einswerden**	1986/2003
37	Brakkenstein Com., **Regel f. e. neuen Bruder**	1986
39	Anselm Grün, **Dimensionen des Glaubens**	1987/2004
41	Johanna Domek, **Gott führt uns hinaus ins Weite**	1987
44	Anselm Grün/Petra Reitz, **Marienfeste**	1987/2001
46	Anselm Grün/Michael Reepen, **Gebetsgebärden**	1988/2002
47	Emmanuela Kohlhaas, **Es singe das Leben**	1988
50	Anselm Grün, **Chorgebet und Kontemplation**	1988/2002
52	A. Grün, **Träume auf dem geistlichen Weg**	1989/2001
57	Grün/Dufner, **Gesundheit als geistliche Aufgabe**	1989/2001
58	Anselm Grün, **Ehelos – des Lebens wegen**	1989/2003
59	Dumitru Staniloae, **Gebet und Heiligkeit**	1990
60	Anselm Grün, **Gebet als Begegnung**	1990/2001
61	Basilius Doppelfeld, **Mission als Austausch**	1990
62	Abeln/Kner, **Kein Weg im Leben ist vergebens**	1990/2003
63	R. Faricy/R. J. Wicks, **Jesus betrachten**	1990
64	Anselm Grün, **Eucharistie und Selbstwerdung**	1990/2002
65	Basilius Doppelfeld, **Ein Gott aller Menschen**	1991
66	Abeln/Kner, **Wie werde ich fertig m. m. Alter?**	1992/2002
67	A. Grün, **Geistl. Begleitung b. d. Wüstenvätern**	1992/2002

68	Anselm Grün, **Tiefenpsych. Schriftauslegung**	1992/2002
71	Anselm Grün, **Bilder von Verwandlung**	1993/2001
73	Wunibald Müller, **Meine Seele weint**	1993/2001
75	Herbert Alphonso, **Die Persönliche Berufung**	1993/2002
76	Anselm Grün/Gerhard Riedl, **Mystik und Eros**	1993/2001
77	Gabriele Ziegler, **Der Weg zur Lebendigkeit**	1993
79	Fidelis Ruppert, **Der Abt als Mensch**	1993
80	Boniface Tiguila, **Afrikanische Weisheit**	1993
81	Anselm Grün, **Biblische Bilder von Erlösung**	1993/2001
82	A. Grün/M. Dufner, **Spiritualität von unten**	1994/2002
84	Mauritius Wilde, **Ich versteh' dich nicht!**	1994/2004
85	R. Abeln/A. Kner, **Das Kreuz mit dem Kreuz**	1994
86	Fidelis Ruppert, **Mein Geliebter, die riesigen Berge**	1995
87	Basilius Doppelfeld, **Zeugnis und Dialog**	1995
90	Fidelis Ruppert, **Intimität mit Gott**	1995/2002
92	Anselm Grün, **Leben aus dem Tod**	1995/2001
93	Anselm Grün, **Treue auf dem Weg**	1995
94	Edgar Friedmann, **Ordensleben**	1995
95	Hermann M. Stenger, **Gestaltete Zeit**	1996
96	Basilius Doppelfeld, **Bleiben**	1996
97	Christian Schütz, **Mit den Sinnen glauben**	1996
98	Karin Johne, **Wortgebet und Schweigegebet**	1996
99	Anselm Grün, **Das Kreuz**	1996/2005
100	A. Grün/A. Seuferling, **Schöpfungsspiritualität**	1996/2002
101	Basilius Doppelfeld, **Lassen**	1996
102	Anselm Grün, **Wege zur Freiheit**	1996/2003
103	G. Kreppold, **Krisen – Wendezeiten im Leben**	1997/2001
104	Irmgard und Peter Abel, **Familienleben**	1997/2002
106	Anselm Grün, **Exerzitien für den Alltag**	1997/2001
107	Karl-Friedrich Wiggermann, **Das geistliche Wort**	1997
108	F. Ruppert/A. Stüfe, **Der Abt als Arzt ...**	1997
109	H. Nouwen, **Unser Heiliges Zentrum finden**	1998/2003
110	Georg Braulik, **Zivilisation der Liebe**	1998
111	Wunibald Müller, **Wenn du ein Herz hast ...**	1998
112	G. Kreppold, **Selbstverwirkl. od. Selbstverleugnung?**	1998
113	Basilius Doppelfeld, **Erinnern**	1998
114	Anselm Grün, **Zerrissenheit**	1998/2001
115	K.-F. Wiggermann, **Spiritualität und Melancholie**	1998
116	Reinhard Körner, **Was ist Inneres Beten?**	1999/2002
117	Christa Carina Kokol, **Wie bist du, Gott?**	1999

118 Gabriele Ziegler, **Sich selbst wahrnehmen ...** 1999
120 Anselm Grün, **Vergib dir selbst** 1999/2001
121 D. Koller, **Trinitarisch glauben, beten, denken** 1999
122 G. Kreppold, **Träume – Hoffnung für das Leben** 1999/2001
124 Basilius Doppelfeld, **Loslassen und neu anfangen** 2000/2002
126 Pierre Stutz, **Licht in dunkelster Nacht** 2000/2001
127 Wunibald Müller, **Dein Herz lebe auf** 2000/2002
128 Anselm Grün, **Entdecke das Heilige in Dir** 2001
129 Guido Kreppold, **Esoterik** 2001
130 Mauritius Wilde, **Der spirituelle Weg** 2001
131 J. Domek, **Das Leben wieder spüren** 2001/2006
132 Alfred Läpple, **Der überraschende Gott** 2002
133 Johanna Domek, **Die Sehnsucht weiß mehr** 2002
134 Klaus-Stefan Krieger, **Gewalt in der Bibel** 2002
135 Hubert Luthe/Máire Hickey, **Selig bist du** 2002
136 Meinrad Dufner, **Schöpferisch sein** 2002
137 B. Ulsamer/M. Hell, **Wie hilft Familien-Stellen?** 2003
138 Lothar Kuld, **Compassion – Raus aus der Ego-Falle** 2003
139 Peter Abel, **Neuanfang in der Lebensmitte** 2003
140 Wunibald Müller, **Dein Weg aus der Angst** 2003
141 Klaus-Stefan Krieger, **Was sagte Jesus wirklich?** 2003
142 A. Grün/R. Robben, **Gescheitert? – Deine Chance!** 2003
143 Meinrad Dufner, **Rollenwechsel** 2004
144 Bertold Ulsamer, **Zum Helfen geboren** 2004
145 A. Grün/W. Müller, **Was macht Menschen krank ...?** 2004
146 Peter Modler, **Lebenskraft Tradition** 2004
147 Gruber/Steins, **Mit Gott fangen die Schwierigkeiten ...** 2005
148 Guido Kreppold, **Die Kraft des Mysteriums** 2005
149 Peter Modler, **Gottes Rosen** 2005
150 Jonathan Düring, **Der Gewalt begegnen** 2005
151 Wunibald Müller, **Allein – aber nicht einsam** 2005
152 B. Ulsamer, **Lebenswunden – Hilf. zur Traumabewältig.** 2006
153 Olav Hanssen, **Dein Wille geschehe** 2006
154 Reinhard Körner, **Dunkle Nacht** 2006
155 Jonathan Düring, **Wild und fromm** 2006
156 Guido Kreppold, **Dogmen verstehen** 2006
157 Peter Abel, **Gemeinde im Aufbruch** 2006
158 Michael Plattig, **Prüft alles, behaltet das Gute!** 2006

Anselm Grün

Lebensmitte als geistliche Aufgabe

Hörbuch-CD, Spielzeit ca. 58 Min.
mit Instrumentalmusik von Bernd Hackl
ISBN-10: 3-87868-325-1
ISBN-13: 978-3-87868-325-4

Anselm Grün sieht die Lebensmitte als wichtige Aufforderung, sich der eigenen Wahrheit zu stellen. Er zeigt, wie man die „Midlpife-Crisis" als Chance begreifen kann, einen neuen Sinn für das eigene Leben zu finden.

Otto Betz

Die Kostbarkeit der Seele

Texte großer Meister für unseren Alltag

Gebunden, 176 Seiten
ISBN 3-87868-272-7

»Es ist gut, ein Buch bei der Hand zu haben, um sich durch Lesen schnell wieder sammeln zu können«, sagt Teresa von Avila. Kapitel für Kapitel entführen die Worte großer Dichter und spiritueller Meister aus dem Lärm des Alltags. Die einfühlsam von Otto Betz gedeuteten Texte öffnen die Sinne für die Größe der Seele. Sie verführen dazu, innezuhalten und über die Einzigartigkeit der eigenen Existenz nachzudenken.

Vier-Türme-Verlag
97359 Münsterschwarzach Abtei
Telefon 0 93 24 / 20-292 Telefax 0 93 24 / 20-495
Bestellmail: info@vier-tuerme.de
www.vier-tuerme-verlag.de